国家创新指数报告 2015

中国科学技术发展战略研究院 著

科学技术文献出版社
SCIENTIFIC AND TECHNICAL DOCUMENTATION PRESS
·北京·

图书在版编目（CIP）数据

国家创新指数报告. 2015 / 中国科学技术发展战略研究院著. —北京：科学技术文献出版社，2016. 5

ISBN 978-7-5189-1418-0

Ⅰ. ①国…　Ⅱ. ①中…　Ⅲ. ①国家创新系统—研究报告—中国—2015　Ⅳ. ① F204 ② G322.0

中国版本图书馆 CIP 数据核字（2016）第 115210 号

国家创新指数报告2015

策划编辑：李　蕊　责任编辑：丁芳宇　李　蕊　责任校对：张吲哚　责任出版：张志平

出 版 者　科学技术文献出版社
地　　址　北京市复兴路15号　邮编 100038
编 务 部　（010）58882938，58882087（传真）
发 行 部　（010）58882868，58882874（传真）
邮 购 部　（010）58882873
官方网址　www.stdp.com.cn
发 行 者　科学技术文献出版社发行　全国各地新华书店经销
印 刷 者　北京时尚印佳彩色印刷有限公司
版　　次　2016 年 5 月第 1 版　2016 年 5 月第 1 次印刷
开　　本　889 × 1194　1/16
字　　数　104千
印　　张　7
书　　号　ISBN 978-7-5189-1418-0
定　　价　58.00元

国家创新指数报告2015

编辑委员会

前言

提高自主创新能力、建设创新型国家，是《国家中长期科学和技术发展规划纲要（2006—2020年）》提出的战略目标。为了监测和评价创新型国家建设进程，中国科学技术发展战略研究院从2006年起就开展了国家创新指数的研究工作。在科技部领导、有关司局、事业单位和各界专家学者的支持和帮助下，《国家创新指数报告》自2011年以来已经发布了五期。《国家创新指数报告2015》是该系列报告的第六期。

根据科技部《建立国家创新调查制度工作方案》，《国家创新指数报告》是国家创新调查制度系列报告之一，是国家层面的创新能力评价报告。按照国家创新调查制度报告体系的整体设计，本期《国家创新指数报告》不再针对区域和企业创新能力评价进行专题研究，增加了国别分析部分，力求通过指标描述和数据分析客观反映各国的创新特点。

《国家创新指数报告》借鉴了国内外关于国家竞争力和创新评价等方面的理论与方法，从创新资源、知识创造、企业创新、创新绩效和创新环境5个方面构建了国家创新指数的指标体系。本报告继承了上期的指标体系结构，即国家创新指数由5个一级指标和30个二级指标组成。20个定量指标突出创新规模、质量、效率和国际竞争能力，同时兼顾大国小国的平衡；10个定性调查指标反映创新环境。

本报告继续选用了40个科技创新活动活跃的国家（其R&D经费投入之和占全球总

量97%以上）作为研究对象；继续采用国际上通用的标杆分析法测算国家创新指数；所用数据均来自于各国政府或国际组织的数据库和出版物，具有国际可比性和权威性。报告以2013—2014年的统计调查数据为基础，测算了40个国家的创新指数，并与上一本报告的结果进行了比较。

当今世界，国家的繁荣富强和持续发展主要取决于国家创新能力的培育和积累，而不是人口数量的多少和自然资源的贫富。世界在不断变化，国家创新能力也随着各国驾驭创新要素能力的不同而此消彼长。面对未来科技发展和国际政治经济形势演变带来的机遇与挑战，世界各国都在增加科技创新资源投入，力图增强自己的创新能力。在全球竞争背景下，2014年中国国家创新指数国际排名上升至第18位，指数得分继续增长，与先进国家的差距进一步缩小。

创新驱动发展已经成为中国的国家战略。国家创新调查制度的建立，必将为完善创新评价指标体系、深入开展创新监测与评价工作创造有利条件。评价国家综合创新能力，监测中国创新能力的变化，分析中国与全球创新型国家之间的差距，需要不断探索和深入研究。我们衷心希望通过国家创新指数年度系列报告，为社会提供一个认识和评价中国创新发展状况的窗口；汲取各个方面专家学者的宝贵意见，不断完善国家创新指数，共同见证中国创新型国家建设这一伟大历史进程。

本报告的研究编写得到了吕永波、刘云、孙诚、李正风、杨起全、赵峥、郭铁成、黄鲁成等专家学者的指导和帮助，在此表示衷心感谢！

《国家创新指数报告2015》

编辑委员会

目录 Contents

国家创新指数报告2015

第一部分

从数据看中国

一、从主要指标看中国的进步

国务院颁布实施《国家中长期科学和技术发展规划纲要（2006—2020年）》以来，中国科技创新不断取得新的重大成就，中国逐步从“科技大国”向“科技强国”迈进。创新资源投入持续增加。R&D经费和R&D人员分别位居世界第2位和首位。知识创造能力显著增强。国际科技论文位居世界第2位，国内发明专利申请量和授权量分别位居世界首位和第2位。科技创新对经济发展的贡献日益突出，科技进步贡献率达到54.2%。R&D经费投入强度达到2.05%，与创新型国家的差距进一步缩小。知识密集型产业蓬勃发展，产业结构进一步优化。

随着创新驱动发展战略的深入实施，中国科技发展不断取得新的重大成就，科技创新对经济社会发展的支撑和引领作用明显增强，科技竞争力和国际影响力显著提升。创新资源投入、科技活动产出、知识密集型产业等方面的数据表明，中国正逐步从“科技大国”向“科技强国”迈进，创新型国家建设迈上新台阶。

（一）创新资源投入持续增加

创新资源投入是创新活动开展的重要基础。R&D经费和R&D人员是创新资源中最为核心的部分，反映了一个国家对创新活动的投入力度和创新人才资源的储备状况。中国R&D经费和R&D人员投入的不断增加，为创新活动的开展提供了有力保障。

1. R&D经费总量位居世界第2位

2014年，全球（指本研究关注的40个国家，下同）R&D经费总量达到1.47万亿美元，比上年增长1.5%①，保持了持续增长态势。从全球分布来看，R&D经费集中在北美洲、欧洲和亚洲国家②，呈现三足鼎立格局（见图1–1）。2014年三个地区R&D经费占全球份额分别为33.6%、28.9%和32.7%；与2000年相比，北美洲R&D经费占全球份额下降10.4个百分点，欧洲所占份额小幅上升2.5个百分点，亚洲所占份额提升5.5个百分点。

2014年R&D经费世界排名前三位的国家保持稳定，依次是美国、中国和日本。2014年中国R&D经费为2118.6亿美元，继续位居世界第2位，占全球份额由2000年的1.7%大幅提升至14.4%，与美国差距进一步缩小（见图1–2）。2014年日本R&D经费为1649.2亿美元，占全球总量11.2%，位居世界第3位；美国R&D经费继续保持绝对的领先地位，占据世界首位；尽管美国R&D经费全球份额逐年下降，但仍保持在30%

---

① 本部分增速均按不变价计算。

② 亚洲国家：中国、日本、韩国、新加坡、印度、以色列、土耳其；欧洲国家：奥地利、比利时、捷克、丹麦、芬兰、法国、德国、希腊、匈牙利、冰岛、爱尔兰、荷兰、挪威、波兰、葡萄牙、罗马尼亚、意大利、卢森堡、俄罗斯、斯洛伐克、斯洛文尼亚、西班牙、瑞典、瑞士、英国；北美洲国家：美国、加拿大、墨西哥；南美洲国家：阿根廷、巴西；大洋洲国家：澳大利亚、新西兰；非洲国家：南非。

以上，遥遥领先于其他国家，分别是中国的2.2倍，日本的2.8倍。

目前，全球R&D经费仍高度集聚于少数发达国家，但随着新兴经济体及发展中国家的快速崛起，全球R&D经费集中度明显下降。2014年，G7国家（美国、日本、德国、英国、法国、意大利和加拿大）的R&D经费总和占全球R&D经费总量的比重为61.5%，比2000年下降21.5个百分点。相应地，金砖国家（中国、俄罗斯、印度、巴西和南非）R&D经费持续增加，占全球份额从2000年的3.8%提高到2014年的19.3%。

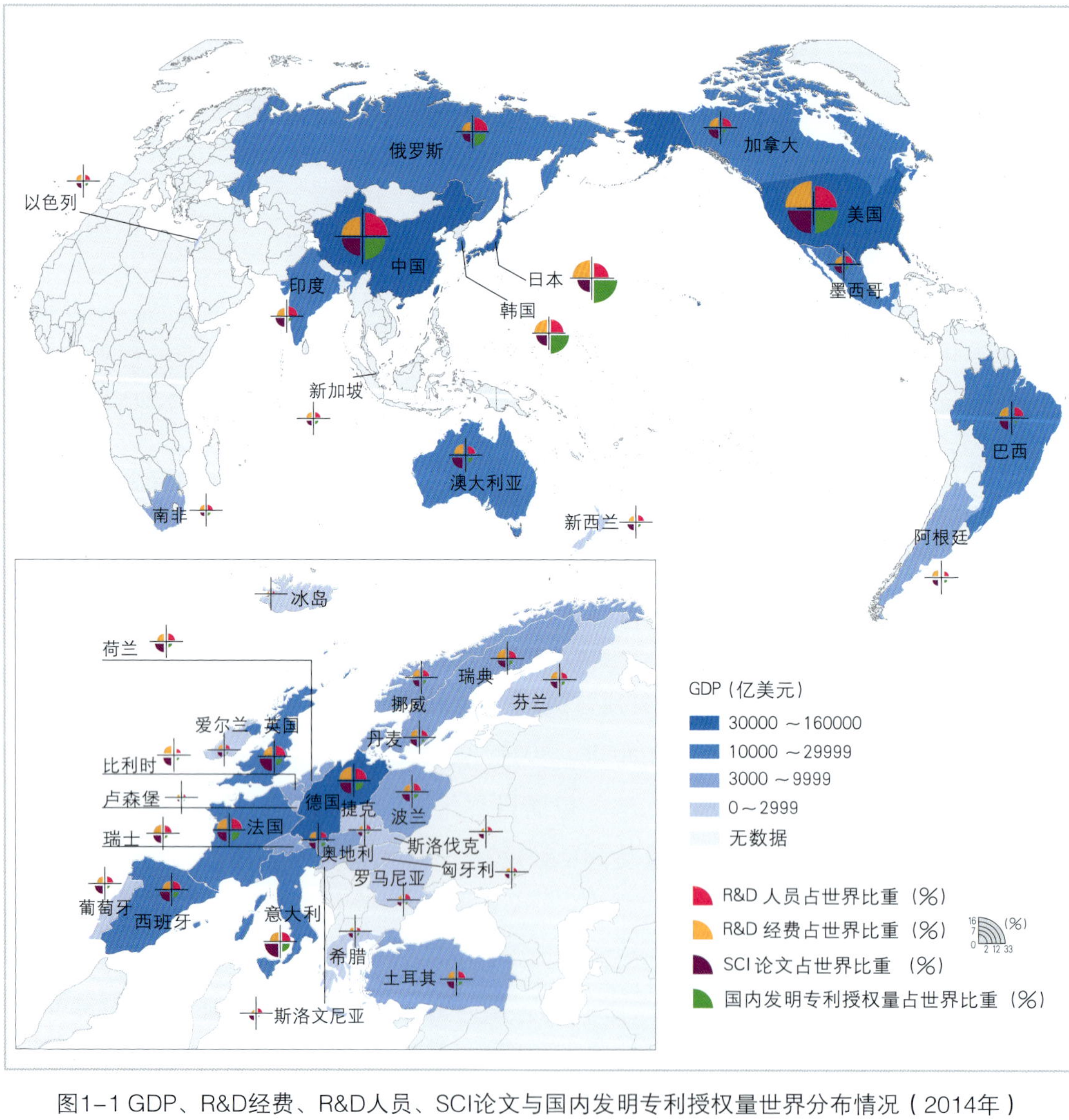

图1-1 GDP、R&D经费、R&D人员、SCI论文与国内发明专利授权量世界分布情况（2014年）

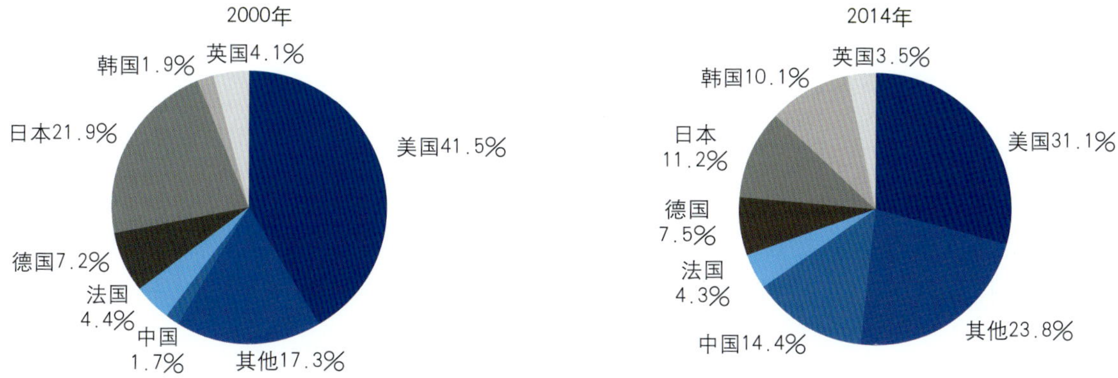

图1-2　部分国家R&D经费占世界份额（2000年、2014年）

2. R&D经费增速领跑全球

进入21世纪以来，世界各国R&D经费总体呈现增长态势。按不变价计算，2000—2014年中国R&D经费年均增速为16.4%，位居世界首位，大幅领先其他国家。韩国、印度两个国家年均增长率分别为9.2%和7.8%，明显高于美国（2.0%）、日本（2.0%）、英国（1.6%）等发达国家。

受金融危机和欧洲债务危机等多重因素影响，2010年以来，加拿大、芬兰、西班牙、希腊等国R&D经费增速放缓，有的甚至出现负增长；而日本、美国等国已经逐步走出金融危机的阴霾，R&D经费投入重回上升通道。从近两年表现来看，韩国、英国等国R&D经费增速持续回升，日本、印度等国的R&D经费增速略有下降，中国R&D经费增速降至近15年以来的最低值，但仍领先于其他国家。

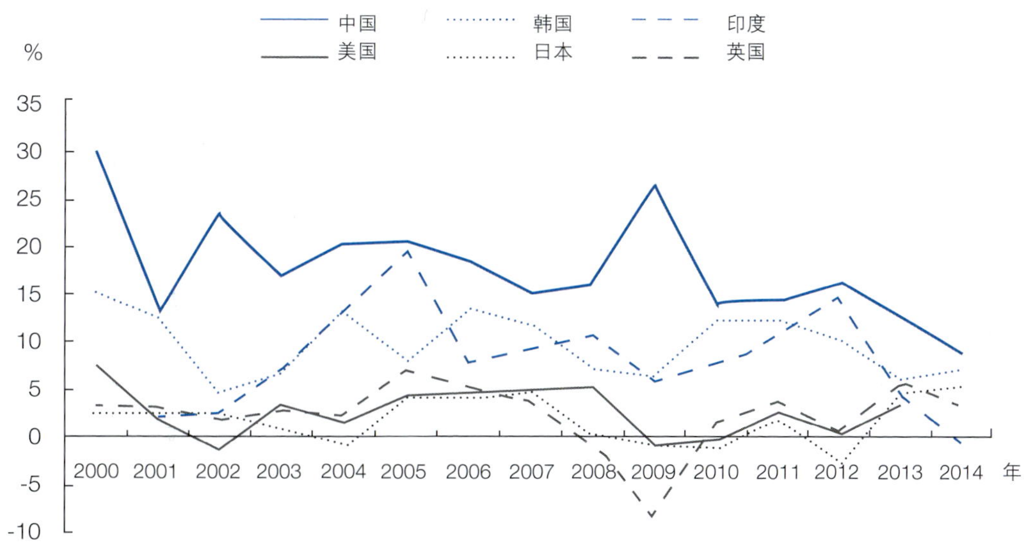

图1-3　部分国家R&D经费增速（按不变价计算）

3. R&D人员总量长期位居世界首位

2014年，全球R&D人员达到1209.4万人年，较2000年增长64.3%。全球R&D人员分布集中度较高，主要分布在亚洲和欧洲，分别占全球总量的47.8%和30.8%。2000年以来，除芬兰、冰岛、日本、罗马尼亚、俄罗斯等国外，其他国家R&D人员总量呈现增长态势，尤其是以中国和韩国为代表的新兴国家，其年均增速分别达到10.5%和8.5%，明显高于全球R&D人员3.6%的年均增速。

2014年，中国R&D人员总量为371.1万人年，连续8年位居世界首位，占全球R&D人员总量的31.3%；日本、俄罗斯作为科技人力资源大国，R&D人员总量均在80万人年以上，但占全球份额持续下降，其2014年全球占比分别为7.6%和7.0%。金砖国家R&D人员总量占全球比重稳步提高，由2000年的32.5%上升到2014年的44.2%。主要发达国家R&D人员总量占全球比重持续下降，G7国家由2000年的50.4%下降到2014年的37.8%。

（二）知识产出能力显著增强

知识产出能力是创新活动水平和创新能力的重要体现。国际科技论文和发明专利申请授权是测度知识产出能力的核心指标。我国国际科技论文和发明专利申请授权的不断提高，反映了我国原始创新能力、创新活跃程度和技术创新水平的日益增强。

1. 国际科技论文影响力稳步提高[③]

2014年，全球SCI论文数量继续保持增长态势，达到187.8万篇，是2000年的2.4倍。从世界排名来看，前三位依然是美国、中国和英国。美国SCI论文数量达到42.1万篇，占全球总量的22.4%，居于世界首位，遥遥领先于其他国家。中国SCI论文数量达到25.0万篇，连续7年居世界第2位；中国SCI论文数量占到全球总量的13.3%，是英国的2倍。

---

③ 数据来源于汤森路透，统计口径为全作者，文献类型为Article、Review两种，中国数据未包括香港、澳门地区数据。

2000年以来，世界各国SCI论文数量呈现逐年增长态势，中国、韩国、巴西、印度等新兴国家增速要明显快于发达国家。2000—2014年，中国SCI论文数量年均增速达到16.4%，居全球之首；韩国（10.5%）、巴西（10.0%）、印度（9.3%）等新兴国家SCI论文年均增速均高于全球平均水平（4.6%）；美国（3.2%）、德国（3.3%）、英国（3.5%）和日本（0.5%）等发达国家增速较低，其占全球总量的比重呈现下降态势（见图1–4）。

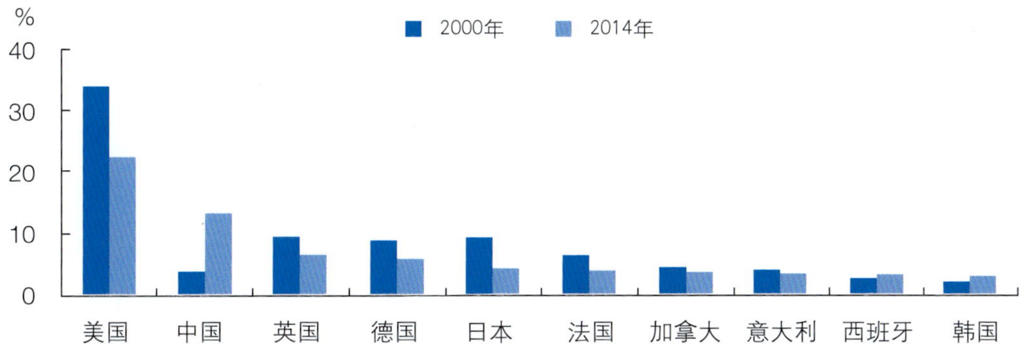

图1–4　SCI论文总量前十位国家占世界比重（2000年、2014年）

中国SCI论文在保持数量增长的同时，质量也在不断提高。2014年中国发表的SCI论文被引证次数[④]为53.4万次，占全球比重达到17.9%，仅次于美国。《国家中长期科学和技术发展规划纲要（2006—2020年）》（以下简称《规划纲要》）颁布以来，我国科技论文质量有了较大提高。根据中国科学技术信息研究所的最新统计数据，2004—2014年10年段中国SCI论文被引证次数[⑤]为1037.01万次，世界排名从2005年的第14位提高到第4位，增长速度显著超过其他国家。高被引论文是反映高质量、高水平学术成果的重要指标。中国科学技术信息研究所的统计显示，中国各学科论文在2004—2014年10年段的被引用次数处于世界前1%的高被引论文为1.2万篇，占世界份额的10.4%，位居世界第4位；美国（6.2万篇）、英国（1.6万篇）、德国（1.4万篇）分居前三位。

④　2014年论文被引证次数是指2014年发表论文截止到检索日期的被引次数；本报告的检索日期为2015年12月14日。

⑤　2004—2014年10年段中国国际科技论文被引证次数是指在2004—2014年发表并在此期间的被引证数，检索日期为2014年9月。

2. 国内发明专利申请和授权量稳居世界前列

全球国内发明专利申请量和授权量主要集中在中国、日本、美国和韩国，这4个国家合计占全球总量的比重约为90%。2014年，中国国内发明专利申请量达到80.1万件，占世界总量的47.5%，连续5年居世界首位；中国国内发明专利授权量达到16.3万件，占世界总量的24.8%，连续4年居世界第2位，与第1位的日本差距进一步缩小。

2000年以来，与全球约半数国家发明专利申请和授权量负增长形成鲜明对照，中国国内发明专利申请量、授权量表现出强劲的增长势头，年均增速分别达到28.0%和26.3%。2000—2014年全球国内发明专利申请量、授权量的增量中，中国的贡献分别达到88.6%和42.2%。作为专利强国的日本，虽然国内发明专利申请量逐年下降，但国内发明专利授权量基本保持增长态势，2000—2014年的年均增速为3.3%；2014年日本国内发明专利授权量较上年略有下降，为17.8万件，但仍然居世界首位，占全球总量比重达到27.1%，表现出明显的领先优势。韩国国内发明专利申请量和授权量在2008—2009年出现短暂的下降后，重回上升轨道，2014年占全球比重分别为9.7%和14.8%（见图1–5）。

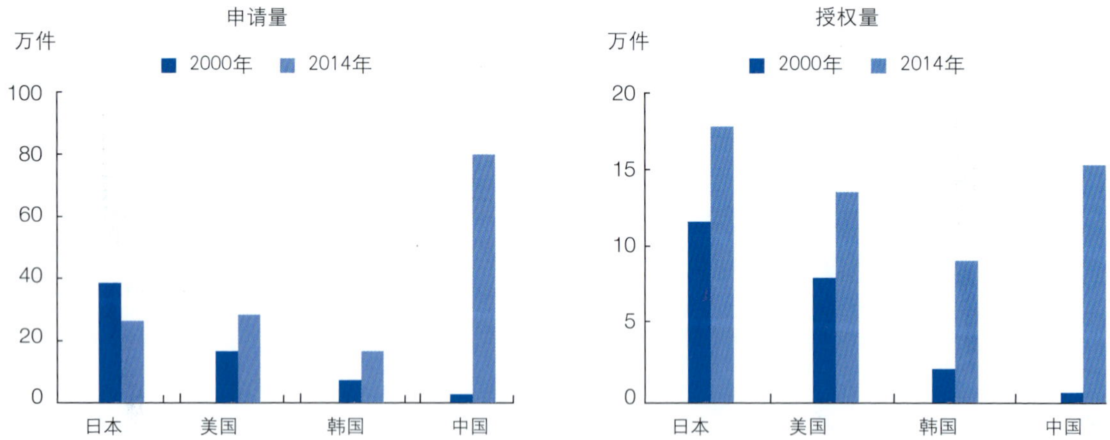

图1–5　主要国家国内发明专利申请和授权数量（2000年、2014年）

（三）科技创新的经济贡献日益突出

改革开放以来，中国社会经济发展取得举世瞩目的成就，2010年中国国内生产总值首次超过日本成为世界第二大经济体。在此过程中，中国创新资源投入持续增加，知识产出能力显著增强，综合创新能力不断提升，为推动经济结构调整、促进经济社会可持续发展做出了积极贡献。

1. 科技进步贡献率继续攀升

随着我国经济发展进入新常态，科技创新在经济社会发展中的作用日益突出。十八届五中全会把创新发展作为五大发展理念之首，突出强调科技创新在全面创新中的引领作用。科技进步贡献率是反映科技进步对经济增长贡献的指标，既能科学判断科技创新对经济发展的作用，又能有效衡量经济增长质量。《规划纲要》明确提出2020年科技进步贡献率达到60%的发展目标。2016年，科技进步贡献率指标被纳入《国民经济和社会发展第十三个五年规划纲要（2016—2020年）》。

根据《中国统计年鉴2015》等相关统计资料，以五年为周期进行测算⑥，结果表明，近十年中国科技进步贡献率呈平稳增长态势，2014年达到54.2%，比2003年提高14.5个百分点。这体现了科技创新在我国经济稳增长、调结构的过程中发挥越来越显著的作用。

2. R&D经费投入强度持续提高

R&D经费投入强度（R&D经费与GDP比例）指标，不仅反映了科技投入水平，也反映了经济结构调整及科技与经济协调发展的状况。2014年，我国R&D经费投入强度达到历史最高水平的2.05%，超越欧盟28国总体水平（1.94%）。与此同时，我国已有8个省市R&D经费投入强度突破2%，其中，北京达到5.95%，上海达到3.66%，仅次于R&D经费投入强度长期处于世界较高水平的韩国（4.29%）和以色列（4.11%）。

典型发达国家和新兴工业化国家R&D经费投入强度变化趋势表明，在经济正常运

⑥ 2014年科技进步贡献率是根据2009—2014年相关数据测算的5年平均值。

行和增长的情况下，R&D经费投入强度的发展轨迹是一条类S曲线，分界点1%和2.5%将S曲线分为三段。在低于1%和高于2.5%的阶段，R&D经费投入强度提升缓慢。而在分界点1%和2.5%之间，R&D经费投入强度处于快速增长阶段⑦。从近年来我国R&D经费投入强度变化情况看，从1%提高到2.0%经过了13年的时间。历时与日本基本持平，虽慢于美国（7年），但快于澳大利亚（22年）、奥地利（20年）、丹麦（17年）等发达国家。R&D经费投入强度的快速跃升，标志着我国的投资结构正发生着深刻变化，科技创新已逐步成为经济结构转型升级的推动力量。

3. 产业结构进一步优化

随着知识经济时代的到来，科技发展日新月异，科技和智力要素在社会生产中发挥越来越重要的作用。以高技术设备和高知识素质人才聚集为特征的知识密集型产业迅速发展，推动产业结构优化升级。根据OECD的定义，知识密集型产业包括高技术制造业和知识密集型服务业。2014年，中国知识密集型产业增加值占世界比重为12.3%，连续四年居世界第2位，较2000年提高9.3个百分点。从世界范围来看，美国知识密集型产业具有绝对的领先优势，其增加值占世界比重为35.3%；日本位于世界第3位，知识密集型产业增加值占世界比重为6.8%。

高技术制造业是国民经济的战略性主导产业，对产业结构调整和经济发展方式转变发挥着重要作用。21世纪以来，中国积极参与全球化进程，高技术产业出口持续增加。2013年中国高技术产业出口占制造业出口的比重为27.0%，较上年增加0.7个百分点，居世界第3位，与第2位韩国（27.1%）仅差0.1个百分点。与此同时，知识密集型服务业作为产业发展价值链中的重要部分，发展态势良好。2014年，中国知识密集型服务业增加值占世界比重为10.4%，保持连年增长态势，较2000年提高7.6个百分点。知识密集型产业的稳步发展，为我国产业结构的转型升级提供了有力支撑。

⑦ 曾国屏，谭文华.国际研发和基础研究强度的发展轨迹及其启示[J].科学学研究，2003（2）：154-156.

二、中国创新在世界中的位置

美日欧引领全球创新的格局基本稳定，不同国家之间存在创新鸿沟，难以跨越。中国创新指数排名第18位，比上年提升1位，与创新型国家的差距进一步缩小。中国创新能力发展水平大幅超越了其经济发展阶段，遥遥领先于世界其他发展中国家。中国创新能力突出表现在创新资源投入持续增加、知识产出效率和质量快速提升、企业创新能力稳步增强等方面。相比美日韩，中国创新指数得分还相对较低，但差距在缩小。随着创新资源的持续投入，科技体制机制改革的不断深入，中国创新规模优势将逐步显现，创新能力将进一步提升。

当前，世界经济仍然处在深度调整期，复苏动力不足，下行压力加大，这种局面加剧了世界经济的不平衡，使未来面临更大复杂性和更多的不确定性。传统经济体制和发展模式的潜能已消退，各国都在寻找经济增长的新动力。改革和创新不仅是中国新常态发展的引擎，现已成为全世界各国谋发展的时代主题。从国家创新指数得分和排名看，中国的创新发展成效已成为这个时代的亮点。

（一）美日欧引领全球创新的格局基本稳定

国家创新指数是反映一个国家科学、技术和创新竞争力的综合指数。本报告选取的国家是全球研发投入最多的40个国家，分布在全球六大洲。测算结果表明：当前世界创新格局依然较为稳定。

对国家创新指数历年评价结果进行比较分析后发现，40个国家可划分为三个集团：综合指数排名前15位的国家为第一集团，主要为欧美主要发达经济体，均为公认的创新型国家；第16～第30位为其他发达国家和少数新兴经济体，属于第二集团，面临的竞争最为激烈，中国处于这一集团靠前位置；第30位以后多为发展中国家，属于第三集团（见图2−1）。与上年相比，40个国家排名总体稳定，不同集团的国家之间存在创新鸿沟，难以跨越。分属于三个集团的国家，仅有原第二集团中的奥地利从上年的第16位上升至第15位，进入第一集团；原第三集团中的土耳其，从上年的第31位上升至第30位，进入第二集团；其他国家仅在集团内部排位稍有变化。

具体来看，全球创新能力第一集团包括：美洲1席，为美国；亚洲4席，为日本、韩国、新加坡和以色列；欧洲10席，为瑞士、丹麦、德国、瑞典、英国、荷兰、法国、芬兰、挪威和奥地利。美国凭借其雄厚的创新资源和显著的创新绩效，在国家创新指数排名中继续占据首位。亚洲国家中，日本和韩国依托其突出的企业创新表现和知识创造能力，分居第2和第4位；以色列虽然知识创造和创新绩效排名下降，但依然凭借高强度的创新资源投入和强大的企业创新能力排名第14位；新加坡创新资源和知识创造排名分别上升1位和2位，综合排名从上年第12位回升至第10位。欧洲地区仍然是全球创新能力最强的区域之一，瑞士创新绩效排名提升1位，综合指数排名仍保持在第3位；北欧国家丹麦、瑞典、芬兰继续保持创新强势，分列第5、第7和第12位；德国、英国分别位列第6和第8位，均比上年提升了3位；荷兰排名小幅下降1位，排在第9位；法国、挪威排名第11、第13位，均比上年提升了2位；奥地利排名第15位。比较中国与上述创新型国家的创新指数得分和排名发现，中国的差距进一步缩小。

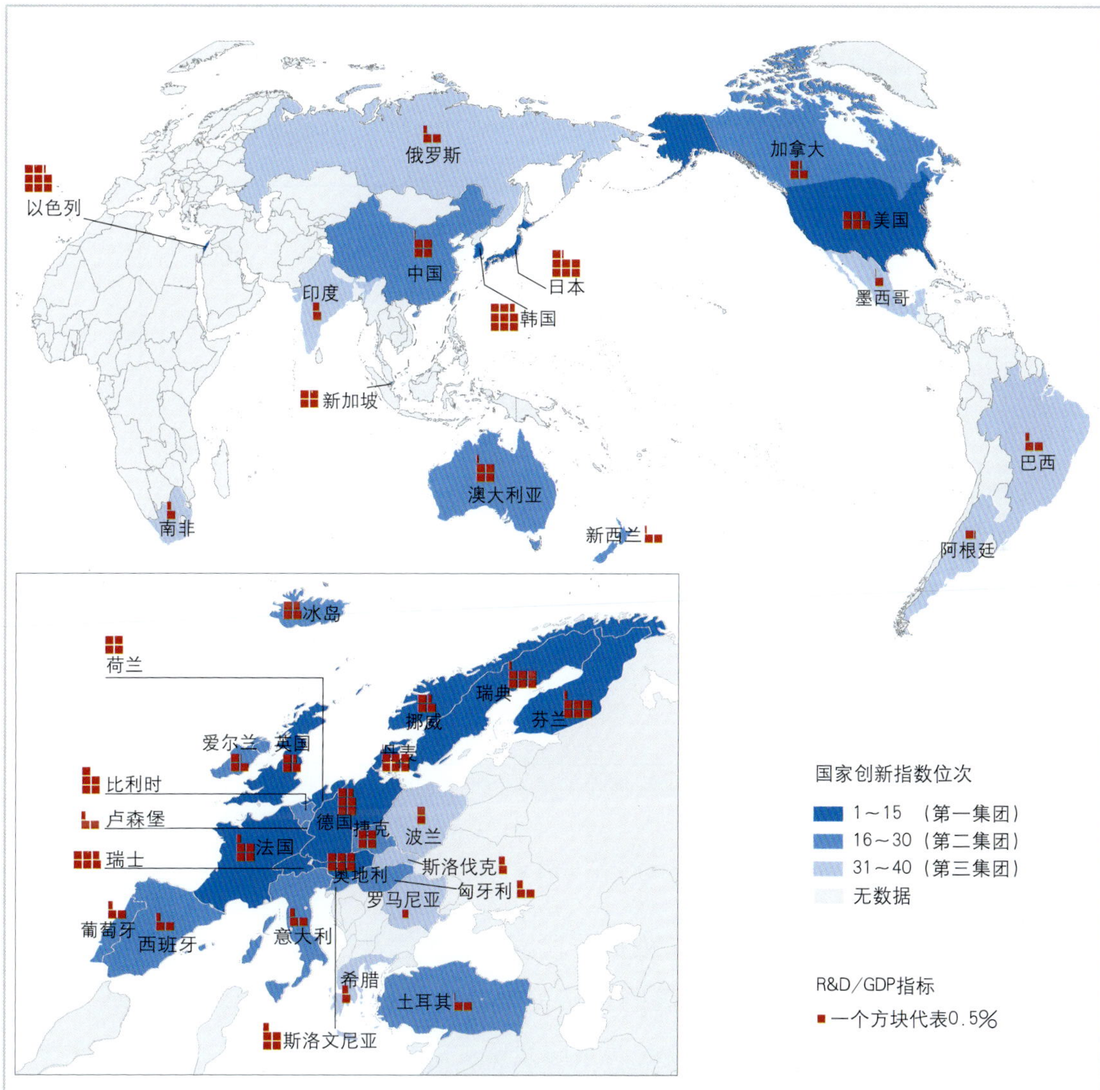

图2-1　全球创新能力分布情况（2014年）

（二）中国创新能力大幅超越经济发展阶段

2014年，中国综合创新能力国际排名超越澳大利亚，居第18位，比上年提高1位，已处于第二集团上游的位置，是唯一进入前20位的发展中国家。从不同国家经济发展阶段比较来看，中国人均GDP达到7590美元，在40个国家中仅高于印度和南非。但是，中国创新指数得分已接近人均GDP在5万美元左右的欧洲国家（见图2–2）。也就是说，中国创新能力大幅超越处于同一经济发展水平的国家。

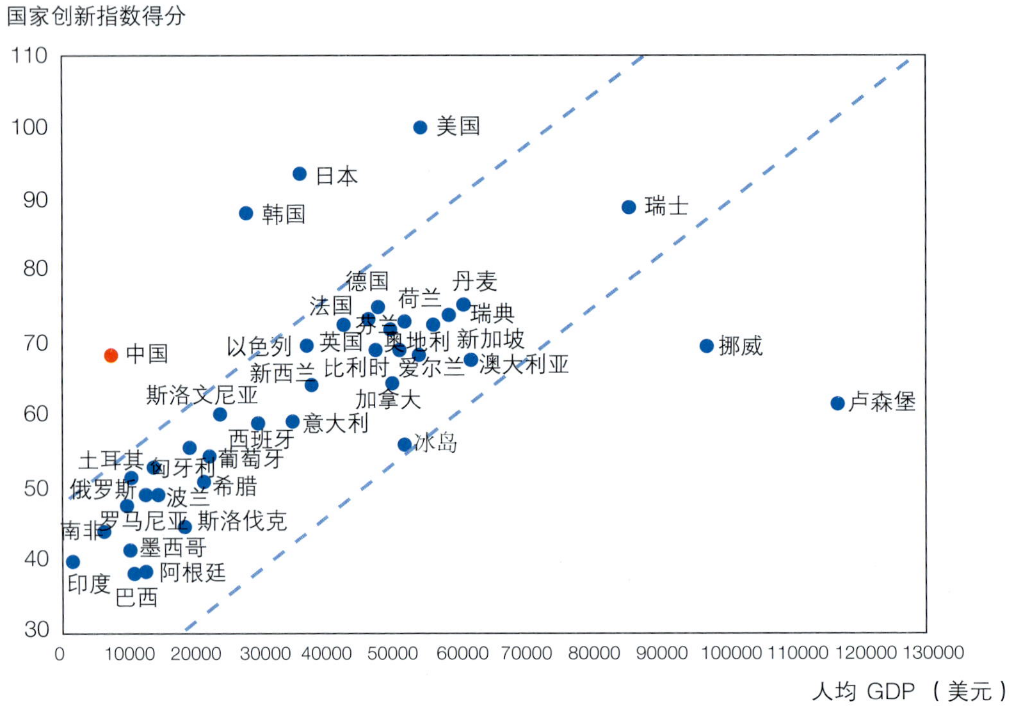

图2–2　各国人均GDP与国家创新指数（2014年）

国家创新指数得分与国家经济发展阶段密切相关。从图2–2可以看到，各国创新指数排名与人均GDP存在较为显著的正相关关系，即人均GDP越高的国家，其创新指数得分也相对较高。多数国家落在两条虚线所夹的长条地带内，这是国家正常发展的通道。只有少数几个国家出现在这个通道的上方，包括美国、日本、韩国和中国。这些国家有一个相似的特点，即政府高度重视科学技术和创新战略在国家发展中的作用。美国实行确保在全球科技领域全面领先的战略，日本则更加重视技术立国和知识产权立国的发展战略，韩国实行扶持大企业集团在特定领域重点突破和培养其国际竞争力的战略。与之相反的是挪威和卢森堡，虽然人均GDP排名世界前列，但是其经济增长方式更多地依靠石油、矿产等自然资源产品贸易，导致其创新指数得分国际排位落后于其人均GDP排位，因此位于通道下轨的下方。

自2008年金融危机以来，世界经济复苏动力不足，发展趋势分化，美国等一些发达经济体基本保持了温和复苏的势头，而大部分新兴市场国家则面临较为严峻的经济下行压力。发达国家虽然最直接受经济危机的影响，但依靠其丰富的创新资源、强大的企业创新能力以及优越的创新环境，以创新驱动经济结构的调整，也最先从危机中复苏，以创新继续引领世界潮流。在经济危机过程中，可以清晰地看到发展中国家创新能力追赶发达国家的道路将是漫长的，需要强有力的政府推动、持续的资源投入、良好的政策环境以及完善的市场体系。

（三）中国创新能力领先全球发展中国家

在参评的10个新兴经济体中，中国排名最为靠前，为第18位，处于第二集团的领先位置；匈牙利排名第29位，土耳其排在第30位，创新指数排名居于第二集团末尾；其他国家都排在30位以后，处于第三集团靠后位置（见表2–1）。与上年相比，中国、土耳其、俄罗斯、印度4个国家的排名上升1位，巴西下降1位，其他5个国家排名不变。

金砖国家作为新兴国家的代表，受到国际社会的关注。除中国外，金砖国家排名均在30名之后。俄罗斯列第32位，处于第三集团中的领先位置；南非、印度和巴西在40国中仍处于落后位置，南非第36名排名不变，印度和巴西的排名与上年对换，分列第38和第39位。

表2–1　新兴经济体国家创新指数及变化

国家	创新指数2015		创新指数2014	
	排名	得分	排名	得分
中国	18	68.6	19	68.4
匈牙利	29	53.1	29	54.9

续表

国家	创新指数2015		创新指数2014	
	排名	得分	排名	得分
土耳其	30	51.7	31	51.5
俄罗斯	32	49.3	33	49.3
罗马尼亚	34	47.7	34	48.7
南非	36	44.2	36	45.0
墨西哥	37	41.7	37	42.6
印度	38	40.1	39	40.9
巴西	39	38.7	38	41.6
阿根廷	40	38.7	40	38.5

中国的知识创造、企业创新、创新绩效和创新环境四个一级指标在金砖国家中处于显著的优势地位。尤其是在知识创造方面，得分从上年落后于南非变为领先，中国排名第12位，得分67.2分，超越了处于第16位南非的63.3分。创新环境方面，虽然中国得分81.4分，比上年下降了6分，但仍排名领先，金砖国家中排第二位的印度全球排名仅为第25位，得分为75分；在企业创新方面，中国位于第12位，得分为56.6分，而处于金砖国家中第二位的俄罗斯排名第20位，得分为42.8分；在创新绩效方面，中国位居第11位，得分为47.9分，领先排名第31位的巴西21.5分，中国相对优势明显。

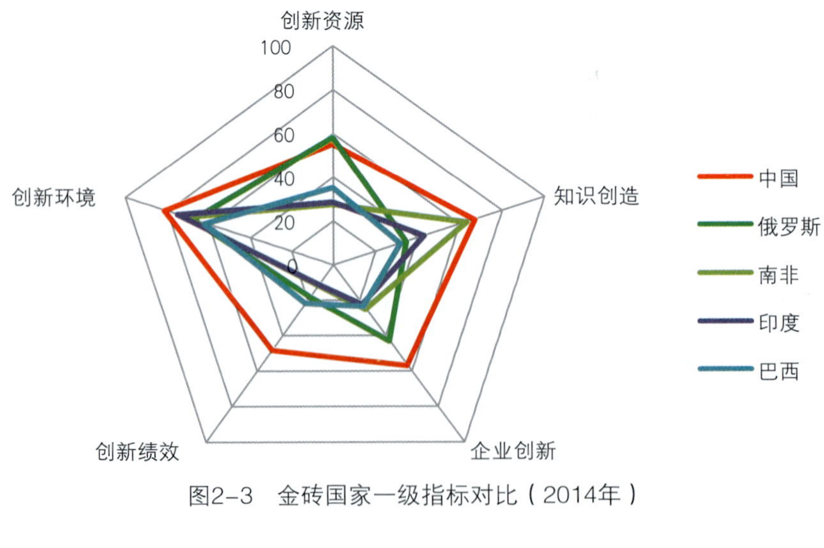

图2-3　金砖国家一级指标对比（2014年）

中国的五个一级指标中仅创新资源在金砖国家内处于第二位，仍落后于俄罗斯，但分差缩小，从上年的5.8分缩小至3分。中国的研发人力投入强度、科技人力资源培养水平以及信息化水平等方面还落后于俄罗斯。

总体看来，在发展中国家阵营中，中国前进步伐最快，优势不断扩大。中国R&D经费投入一直处于快速上升通道中，科研创新人员数量在全球范围内已占有绝对优势，专利、论文等科技产出规模已经位列世界前列。只要继续保持全社会创新资源相对较快速度的增长态势，中国将逐步实现从低成本要素驱动向高智力创新驱动的转变，实现跨越式发展。

（四）中国创新能力提升潜力仍然较大

中国创新能力取得了显著进步。从图2-4看，中国国家创新指数从2000年的第38位，逐渐上升到2014年的第18位，虽然位次变化过程中存在一定的波动，但整体向上趋势不变。特别是在2009年以来，中国排名稳步提升，没有过多地受到全球经济低迷影响。这显示出新世纪以来中国综合创新能力在不断提升。

2014年，中国国家创新指数得分为68.6分，比上年提高了0.2分，超越澳大利亚的67.9分，扩大了与后面的加拿大、新西兰、卢森堡等国的领先优势，从原有的高出2.9～3.3分增加到3.8～6.7分。与排在前面第17位的爱尔兰相比，中国总体得分仅存在0.01分的微弱差距。因此，从国家创新指数得分及排位变化趋势看，中国创新能力提升前景仍十分乐观。

中国创新指数五个一级指标，均取得了不同程度的进步（见表2-2）。2005年以来的10年间，创新资源排名提高最为迟缓，仅前进4位，2014年排在第27位，这与我国人口和经济规模有关，以人口和经济总量为分母的资源投入强度指标得分增长较为困难；表现最为突出的是知识创造，从2005年的第37位，跃居到2014年的第12位，显示中国的论文、专利等科研知识产出增长较快；创新绩效指标进步很大，2014年上升至第11位，这得益于我国近年来知识产权成果的大幅增加和知识密集型产业的快速发展；企业创新则提高5位，排名第12位，反映了“十一五”以来我国企业创新能力的持续增强；创新环境排名整体增强，排名从第27位升至第19位。

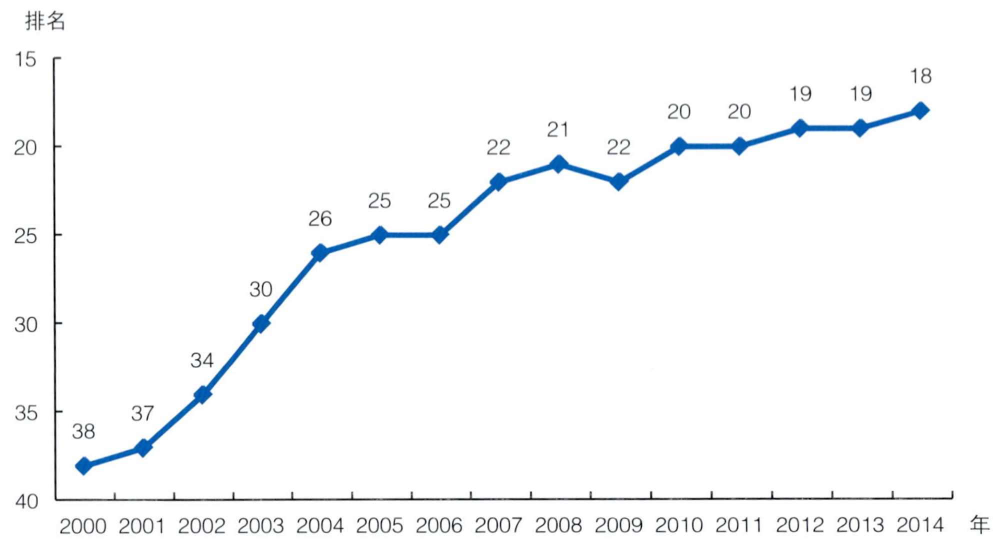

图2-4　中国国家创新指数排名变化

表2-2　中国国家创新指数一级指标排名

年份	创新资源	知识创造	企业创新	创新绩效	创新环境	国家创新指数排名
2005	31	37	17	29	27	25
2006	32	34	17	28	28	25
2007	33	34	14	28	27	22
2008	33	33	12	25	23	21
2009	31	32	18	24	16	22
2010	30	29	15	18	18	20
2011	30	24	15	14	19	20
2012	30	18	15	14	14	19
2013	29	19	13	11	13	19
2014	27	12	12	11	19	18

相比美日韩等创新强国而言，中国由于基础薄弱、创新资源积累不足，创新指数得分相对较低，未来国家整体创新能力和实力仍存在进一步提升的巨大空间。2014年，中国除创新环境外的4个一级指标，其得分还远远落后于指标值排第一（满分

100）[⑧]的美日韩三国（见图2–5）。中国创新资源、企业创新和创新绩效三个一级指标得分在60分以下，分别为55.4分、56.6分和47.9分，知识创造得分稍高，达到67.2分。比较上年得分来看，中国创新资源、知识创造和企业创新三个一级指标得分分别上升了3.8分、5.9分和1.4分，与排名第一的美日韩差距缩小，受全球经济形势的影响，创新绩效和创新环境分别下降了1.5分和6分。中国创新指数得分变化既表明了中国与一级指标排名第一的美国、日本和韩国的显著差距，也表明中国创新能力正处于较快上升的通道，与标杆国家的差距有望进一步缩小。

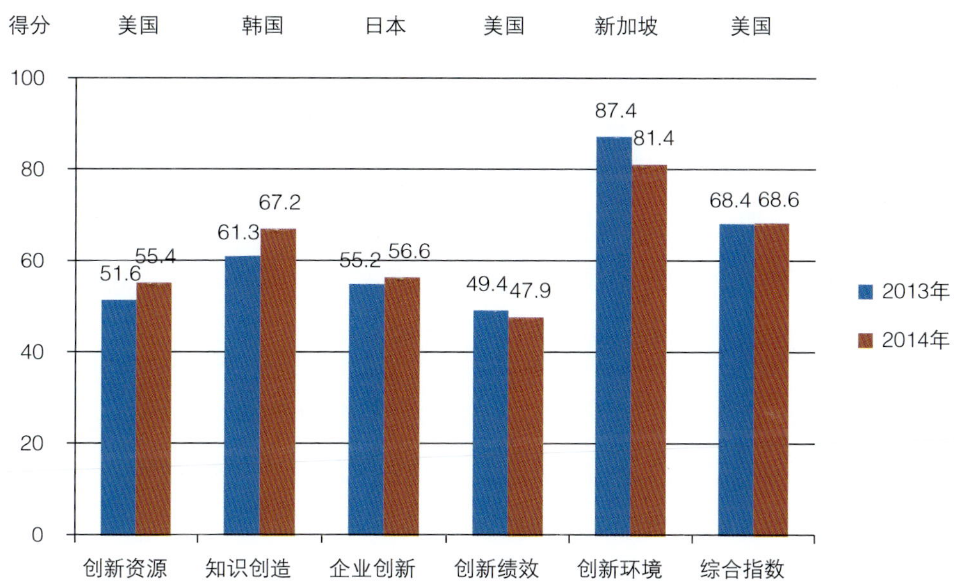

图2–5　中国国家创新指数得分与排名第一国家的差距

中国创新能力的提升空间来源于创新效率的提升。目前中国创新的优势在于创新规模巨大，未来发展的潜力主要在创新效率和质量的提升。由于中国人口规模和发展阶段的影响，涉及人均资源投入或产出的相对指标，如科技论文等知识产出的效率、劳动生产率所反映的人员产出效率以及单位能耗的经济产出所反映的能源产出效率，不仅低于OECD国家，甚至低于巴西、南非和印度等国。中国在这些体现创新效率和质量方面的表现，指明了中国未来创新能力提升的方向。随着教育和信息化水平的提升，人口大国的劳动力优势会向创新大国的高素质科技人才优势转变，信息化红利和

⑧　采用标杆分析法计算，40个国家中指标值最大的国家得分为100。

科技人力资源红利所带来的创新效率的提升将助推中国创新能力的进一步跃升。

中国创新能力的提升空间来源于资源的持续投入。质变来源于量变的积累。中国已经把科技创新摆在国家发展全局的核心位置。近年来，中国R&D经费投入保持较快速度增长，2013年R&D经费投入总量超越日本，成为世界第二大R&D经费投入国，与美国的差距也迅速缩小，从2005年不到美国R&D经费投入总量的10%增加到2014年的约46%。短期R&D经费投入可能难以立竿见影地看到成果，但是只要中国R&D经费投入保持近年来的快速增长态势，相信未来这种长期投入的潜在影响会逐渐显现，中国创新能力与欧美发达国家的差距必将逐步缩小，从而影响并改变世界创新格局。

中国创新能力的提升空间来源于创新规模优势。从全球创新发展的历史看，国家创新规模一定程度上体现了创新发展的动力大小和趋势稳定程度，这对中国这样一个大国来说仍然非常重要。中国GDP在2010年超越日本成为全球第二大经济体，2014年中国GDP占全球的比重已达到13.3%。规模庞大的经济总量既为创新活动提供了巨大需求和财力支持，也为创新成果的商业应用提供了庞大的市场空间。

中国创新能力的提升空间来源于全面深化改革释放的创新活力。近年来，中国政府系统推进体制改革，重大举措不断取得突破性进展。中央强力推动简政放权，进一步理顺政府和市场、政府和社会的关系，发布实施新的《促进科技成果转化法》，激励科研人员开展成果转移转化的热情。财政科技计划改革、科技项目经费管理、自主创新示范区试点政策的推广、科研基础设施向社会开放等方面都出台了一系列的改革措施，有力促进了创新驱动发展战略的实施。政府各部门加大对小微企业的融资支持、落实高新技术企业税收减免和研发费用加计扣除等创新支持政策，全社会掀起了“大众创业、万众创新”热潮，这些都有利于中国创新活力的释放。

总之，中国创新活动仍然处于较快发展阶段，中国需要保持R&D经费投入持续增长，更加注重创新成果的扩散和应用，不断提升全社会创新绩效和生产效率，系统推进科技创新体制机制改革，发挥国内市场的优势和潜力，以推动创新型国家的建设。

三、国家创新指数指标评价

中国创新资源分指数排名第27位，比2013年提升两位。在5个二级指标中，研究与发展经费占世界比重稳居第2位，研究与发展经费投入强度提升两个位次至第15位，进入第一集团。创新资源分指数第一集团国家构成总体保持稳定。

中国知识创造分指数排名第12位，比2013年大幅提升7个位次，从第二集团跃升至第一集团。表征知识创造的5个二级指标值全部实现了增长。其中，每亿美元GDP的发明专利申请数已连续5年位居世界第2位，每万名研究人员的发明专利授权数也连续5年稳居前5强的位置。知识创造分指数排名前10位的国家与2013年完全相同。

中国企业创新分指数排名第12位，比上年提升1个位次。5个二级指标的排名相对均衡。除万名企业研究人员拥有PCT申请数的排名在第二集团外，其他四项指标均处于第一集团。企业创新分指数排名前15位的国家中，有12个国家进入了国家创新指数前15名。亚洲国家表现突出，日本各项指标均居前十位。

中国创新绩效分指数排名与2013年相同，继续保持在第11位。5个二级指标排名呈两极分化，有效发明专利数量占世界比重、高技术产业出口占制造业出口的比重和知识密集型产业增加值占世界比重的排名多年稳居前5名，而劳动生产率和单位能源消耗的经济产出这两项指标的数值虽然逐年在提高，但国际排名一直在后5名徘徊。创新绩效分指数排名前十强的国家，在二级指标的表现上都比较均衡。

中国创新环境分指数排名出现较大波动，从2013年的第13位回落至第19位。10个二级指标中，宏观经济环境、政府规章对企业负担影响、政府采购对技术创新影响这3项指标自2009年以来稳居在前10位。员工收入与效率挂钩程度、企业创新项目获得风险资本支持的难易程度、知识产权保护力度这3项指标的排名下滑比较明显。新加坡的创新环境分指数排名多年位居首位。

（一）创新资源投入稳步提升

创新资源涵盖了全社会对创新的投入力度、创新人才资源的储备状况以及创新资源配置结构，是一个国家持续开展创新活动的基本保障。创新资源分指数采用研究与发展经费投入强度、研发人力投入强度、科技人力资源培养水平、信息化发展水平、研究与发展经费占世界比重5项二级指标，分别从人、财、物三个方面对国家创新资源配置能力进行评价。

1. 中国排名提升两位，第一集团国家构成总体稳定

2014年，中国创新资源分指数排名第27位，比上年提升两个位次。在表征创新资源的5个二级指标中，同2013年相比中国有4项指标值实现了增长。其中，研究与发展经费投入强度从2.01%提高到2.05%，研发人力投入强度（每万人口中研发人员数）从26.0人年/万人提高到27.1人年/万人，信息化发展指数从4.03提高到4.16，研究与发展经费占世界比重从13.2%提高到14.3%。

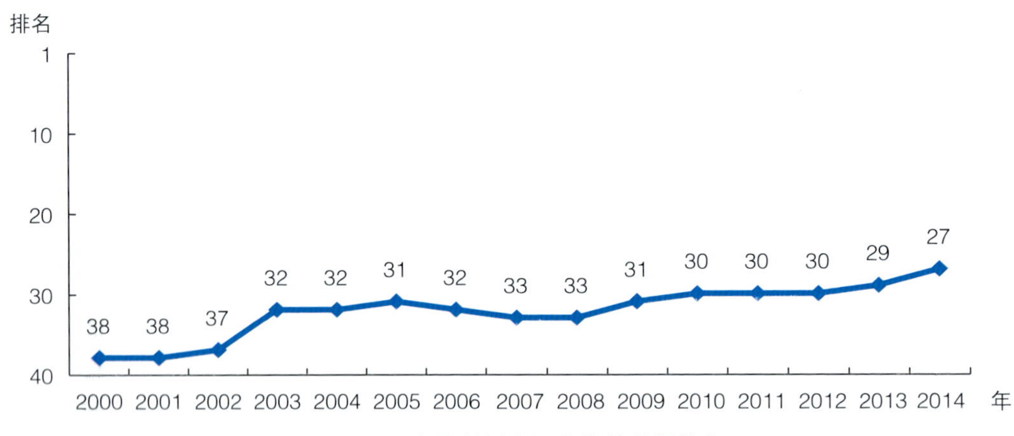

图3-1　中国创新资源分指数世界排名

创新资源分指数排名前15位的国家依次为美国、韩国、芬兰、以色列、丹麦、日本、瑞典、奥地利、德国、瑞士、荷兰、澳大利亚、挪威、新加坡和斯洛文尼亚。与2013年相比，这些入围国家出现的唯一变化是挪威将冰岛挤出了前15强，前10位的国家中除奥地利外其他国家的位次均未发生变化。

2. 研发经费投入位居世界前列，研发人力投入仍有较大提升空间

从中国在5个二级指标方面的国际排名情况看，2014年有2项指标的排名有所上升，2项指标排名出现下降，1项指标排名保持不变。研究与发展经费投入强度和科技人力资源培养水平分别排在第15位和第34位，均较上年提高2个位次。研究与发展经费占世界比重的国际排名与2013年相同，继续保持第2位。研发人力投入强度和信息化发展水平的国际排名相同，位居第33位，而且均较上年下降一个位次。

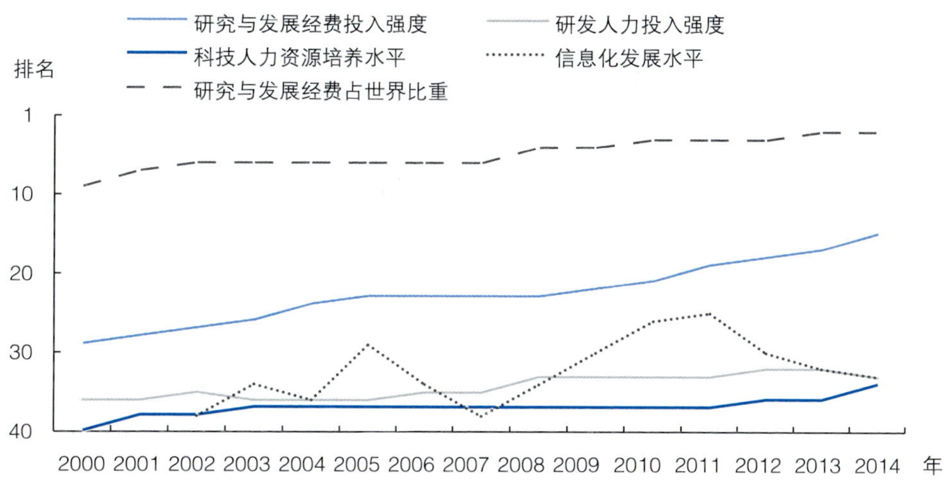

图3-2　中国创新资源分指数构成指标的世界排名演变

在国家创新指数包含的5个一级指标中，中国创新资源的国际排名大大落后于其他四项指标。这主要是由创新资源二级指标的发展极不均衡造成的。研发经费投入强度十几年来一直处于世界前列，已稳定占据全球第二的位置。近几年研发经费投入规模也稳步上升到世界中上游水平，排名第15位。从人力投入方面看，目前中国的科技人力资源总量和研发人员总量均居世界首位，但科技人力资源培养水平和研发人力投入强度的表现不佳，国际排名多年来一直处于落后位置，没有较明显的转变。此外，信息化发展水平一直处于波动变化的态势，但排名基本上在30位之后。由此可见，这几个薄弱环节应成为中国提升国家创新能力的关注重点。

3. 亚洲国家格局稳定，俄罗斯处于金砖国家领先位置

在国家创新指数所涉及的6个亚洲国家中，2014年创新资源分指数排名变化不

大。韩国、以色列、日本和新加坡处于创新资源分指数排名的第一集团，其中前三个国家已进入世界前10位；中国位于第二集团；印度排在第38位，处于第三集团的末端位置。从历史变化趋势来看，自2000年以来，中国、韩国呈显著上升趋势，分别从第38位和第10位提升到第27位和第2位；新加坡的创新资源分指数排名有所下滑，从第8位降至第14位，下降6个位次；日本、以色列和印度自2000年以来排名变化不明显。

金砖国家在创新资源投入方面普遍落后，均处于40个主要国家中排名靠后的位置。俄罗斯创新资源排名在金砖国家中最高，居第23位；巴西排在第36位，较上年提升一个位次；而南非从2011年起已连续4年排名第40位。

（二）知识创造水平进步显著

知识创造和应用水平是国家创新能力的直接体现，反映了一个国家的科研产出能力和科技整体实力。本报告知识创造分指数选择了学术部门百万研究与发展经费的科学论文被引次数、万名科学研究人员的科技论文数、知识密集型服务业增加值占GDP的比重、亿美元GDP的发明专利申请数、万名研究人员的发明专利授权数5个二级指标，用来评价国家知识创造和应用水平。

1. 中国排名提升七个位次，前十强国家未发生变化

2014年，中国知识创造分指数排名第12位，比上年大幅提升七个位次，从第二集团跃升至第一集团。与2013年相比，表征知识创造的5个二级指标值全部实现了增长。其中，万名科学研究人员的科技论文数从1459篇提高到1643篇，知识密集型服务业增加值占GDP的比重从11.11%提高到11.12%，亿美元GDP的发明专利申请数从7.4件提高到7.7件，万名研究人员的发明专利授权数从967.2件提高到1067.3件。

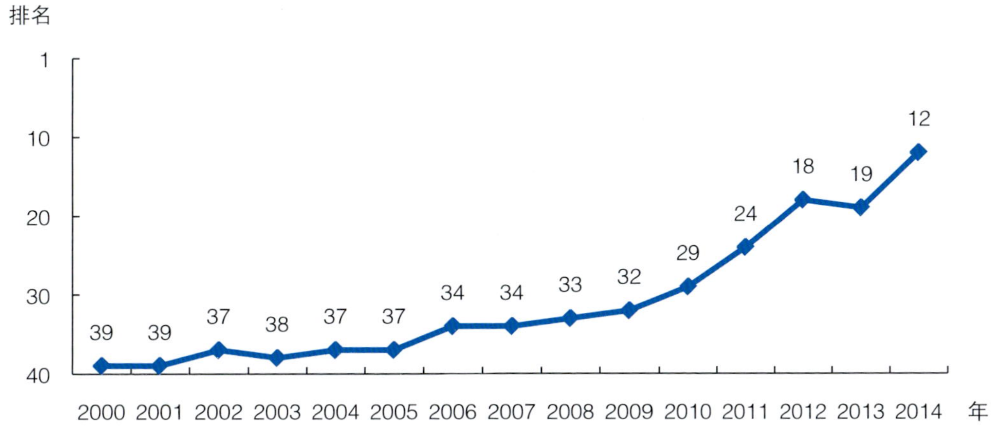

图3-3　中国知识创造分指数世界排名

知识创造排名前15位的国家依次为韩国、瑞士、日本、新西兰、爱尔兰、美国、英国、荷兰、比利时、澳大利亚、意大利、中国、西班牙、匈牙利和新加坡。其中，排名前5位的国家与2013年的位次完全相同。排在第6～第10位的国家与2013年相比，美国从第9位提高到第6位，英国的排名下降一个位次至第7位，荷兰的排名与上年相同，比利时的排名提高一个位次至第9位，澳大利亚的排名下降3个位次至第10位。40个国家中，以色列的排名变化最大，从上年的第13位急剧下降到第35位。

2. 发明专利产出世界领先，论文投入产出水平有待提升

从中国在5个二级指标国际排名的表现看，发明专利的产出水平和产出效率已进入世界领先位置。每亿美元GDP的发明专利申请数已连续5年位居世界第2位，每万名研究人员的发明专利授权数也连续5年稳居前5强的位置。从2014年的排名变化看，有2项指标的排名有所上升，另外3项指标的排名保持不变。学术部门百万研发经费的科学论文被引次数和万名科学研究人员的科技论文数分别排在第33位和第37位，位次比较靠后，但相比2013年分别提高了2个位次和1个位次。

在科技论文指标方面，近几年，中国的国际论文产出总量和论文的被引次数都稳居世界前列，高被引论文的表现也很突出，反映出中国的基础研究整体实力正在不断增强。而从本报告所使用的两项反映论文产出的相对指标看，排名都比较落后，表明中国的国际论文产出效率和影响力仍有待进一步提升。

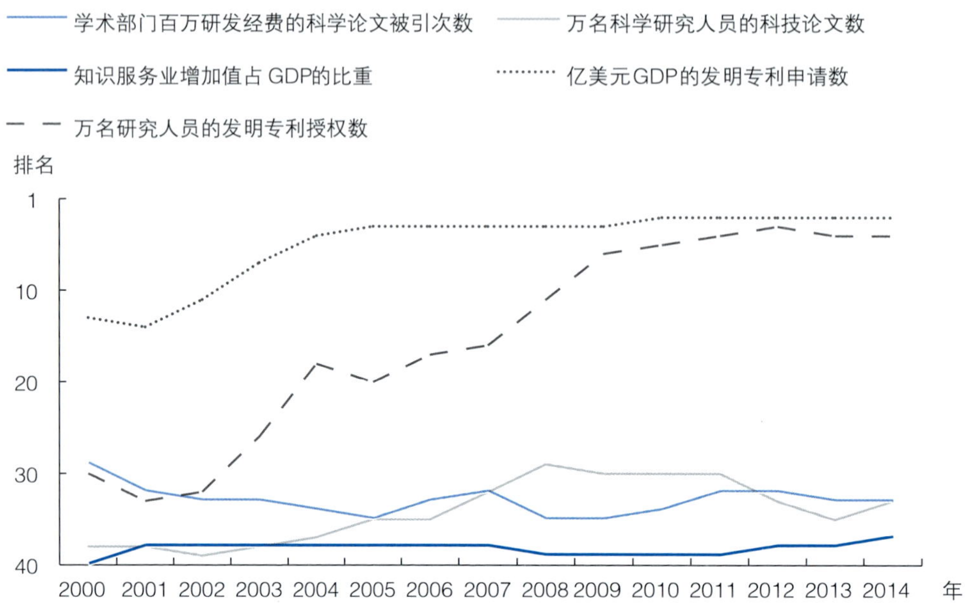

图3-4　中国知识创造分指数构成指标的世界排名演变

3. 亚洲国家排名变化较大，金砖国家分化明显

2014年，韩国和日本知识创造分指数排名靠前，分列第1位和第3位；新加坡排在第15位。中国和这三个国家都属于第一集团。印度和以色列处于第三集团，分别位居第33位和第35位。以色列的排名靠后，主要是由于有四项二级指标的排名比较落后，其中万名科学研究人员的科技论文数和知识密集型服务业增加值占GDP的比重两项指标的排名分别为第35位和第37位。从历史变化趋势来看，自2000年以来，中国提升速度最快，从2000年的第39位提升到2014年的第12位，提升了27个位次。

在金砖国家中，中国和南非自2011年以来知识创造指数排名提升明显，排名远超其他几个金砖国家，南非2014年排名第16位。而印度、巴西和俄罗斯的知识创造全球排名多年来始终处于全球40个国家中的后10位。

（三）企业创新位居世界中上游

企业是开展创新活动的重要主体，也是国家创新体系的重要组成部分。企业创新的规模和质量，在很大程度上代表着一个国家的创新能力与水平。本报告主要从国家角度测度企业的创新活动，采用了企业研究与发展经费与增加值之比、企业R&D研究人员占全社会R&D研究人员比重、三方专利数占世界的比重、万名企业研究人员拥有PCT专利申请数，以及综合技术自主率5项指标。

1. 中国排名稳步提升，第一集团国家保持稳定

2014年，中国的企业创新分指数排名继续提升，位居第12名。在表征企业创新的5个二级指标中，同2013年相比，中国有3项指标值实现了增长，两项指标值与上年持平。其中，企业研发经费与增加值之比从2.03%提高到2.08%，万名企业研究人员拥有PCT专利申请数从233件提高到270件，综合技术自主率从75.3%提高到78.4%。

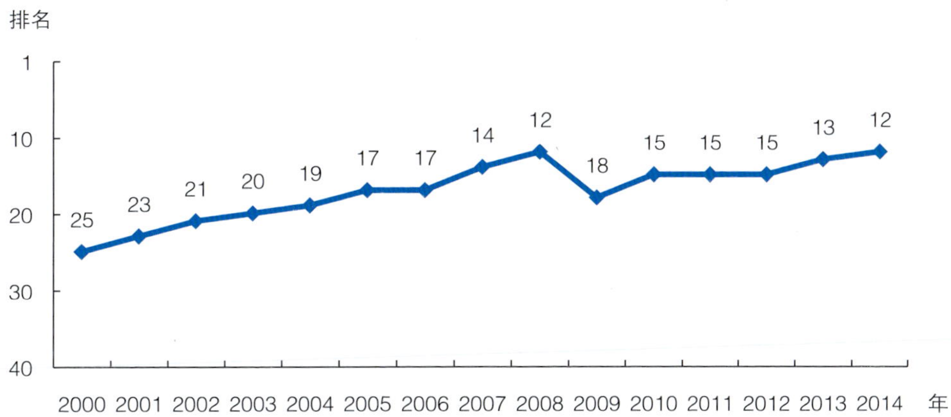

图3-5 中国企业创新分指数世界排名

企业创新分指数排名前15位的国家分别是日本、美国、韩国、以色列、德国、法国、瑞典、芬兰、瑞士、奥地利、丹麦、中国、斯洛文尼亚、卢森堡和荷兰。这15个国家与上年完全相同，只是部分国家的位次发生变化。德国、法国和中国的排名较上年均提升一位，瑞典的排名下降2个位次，斯洛文尼亚下降1个位次。

企业创新能力与国家整体创新能力存在高度的关联性。2014年，企业创新分指数排名前15位的国家中，有12个国家进入了国家创新指数前15名。

2. 二级指标排名相对均衡，PCT专利申请水平需进一步提升

从中国在5个二级指标国际排名的表现看，2014年有两项指标的位次有所提升。

综合技术自主率和万名企业研究人员拥有PCT申请数分别排名第9位和第27位，分别比上年提高4个位次和1个位次。企业研发经费与增加值之比和三方专利数量占世界比重的国际排名与上年相同，继续保持在第15位和第6位。企业R&D研究人员占全社会R&D研究人员比重排在第8位，较上年下降1个位次。

中国的企业创新分指数表现良好，自2010年进入第一集团后排名稳步上升。五个二级指标的排名相对均衡。除万名企业研究人员拥有PCT申请数的排名在第二集团，另四项指标均处于第一集团。在PCT国际申请方面，中国的PCT申请总量已连续两年居世界第三位。而从企业研发人员投入产出的角度看，PCT申请水平还落后于多数发达国家。因此，提升PCT国际申请水平应成为今后增强企业创新能力的着力点。

3. 亚洲国家表现突出，日本各项指标均居前十位

从企业创新分指数排名前15位的国家分布看，亚洲国家表现最好。日本、韩国和以色列不仅总体排名分列第1、第3、第4位，而且在5项二级指标的表现上也很突出。日本是唯一一个5项二级指标排名均进入前10位的国家，其中有4项指标进入前5位。韩国有4项二级指标排名进入前10位，其中3项指标进入前5位。以色列有2项二级指标排名位居首位。中国有3项二级指标进入前10位。

企业创新分指数前15强中表现好的国家还有美国、瑞典、德国、法国和荷兰，它们均有3项二级指标排名进入前10位。前15强之外的国家中，二级指标表现不俗的国家是意大利，有3项二级指标排名进入前10位。

（四）创新绩效保持稳定

创新绩效是一个国家开展创新活动所产生的成果和影响的集中表现。创新绩效分指数采用了劳动生产率、单位能源消耗的经济产出、有效发明专利数量占世界比重、高技术产业出口占制造业出口的比重、知识密集型产业增加值占世界比重5项指标，来测度和评价创新活动的产出水平，以及创新活动对经济的贡献。

1. 中国排名与上年持平，第一集团国家构成仅有微小变动

2014年，中国创新绩效分指数排名与上年相同，继续保持在第11位。在表征创新绩效的5个二级指标中，中国有3项指标值实现了增长，另外两项指标值与上年持平。其中，劳动生产率从人均12329美元提高到13404美元，本国人有效发明专利数量从58.6万件提高到70.9万件，知识密集型产业增加值占世界比重从11.7%提高到12.3%。

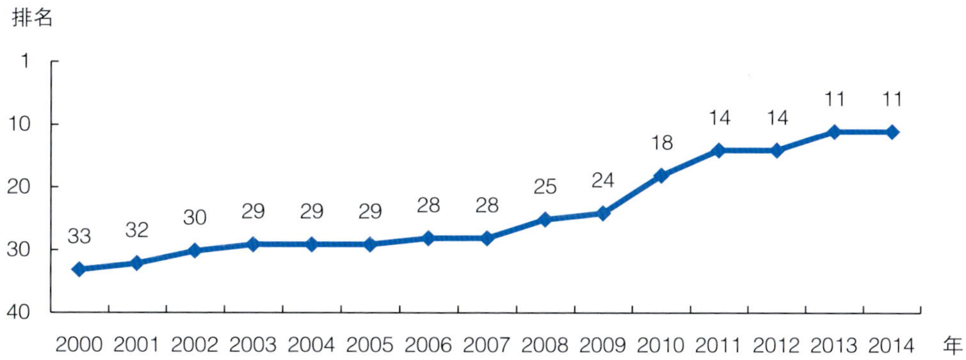

图3-6　中国创新绩效分指数世界排名

创新绩效指数排名前15位的国家依次为美国、瑞士、日本、挪威、新加坡、爱尔兰、英国、法国、丹麦、德国、中国、澳大利亚、卢森堡、瑞典和韩国。其中，除瑞典取代荷兰晋级第14位外，其他14个国家与上年完全相同，只是位次发生变化。英国的排名较上年提升3个位次，瑞士和爱尔兰的排名均上升1个位次。卢森堡的排名下降幅度最大，从第6位降至第13位。

2. 二级指标排名两极分化，劳动生产率水平亟待提高

从中国在5个二级指标国际排名的表现看，2014年有两项指标的位次发生变化。有效发明专利数量占世界比重国际排名提升1个位次至第3位，高技术产业出口占制造业出口的比重则下降1个位次至第3位。

尽管中国的创新绩效分指数排名即将跨入前十强行列，但从二级指标的表现看，结构性的缺陷长期以来没有根本性的改观。2000年以来，中国劳动生产率和单位能源消耗的经济产出这两项指标的数值虽然逐年在提高，但提升幅度不明显，国际排名一

直在后5名徘徊。另三项指标的排名则不断上升，并从2009年起，稳居在前5名位置。这表明，中国的创新绩效依然主要依靠高技术产业产出规模和技术产出总量的拉动，中国在转变经济发展方式和实现产业转型升级方面仍将面临非常大的压力。

表3-1 中国创新绩效分指数构成指标的世界排名演变

年份	劳动生产率	单位能源消耗的经济产出	有效发明专利数量占世界比重	高技术产业出口占制造业出口的比重	知识密集型产业增加值占世界比重
2000	39	38	—	16	6
2001	39	36	—	13	6
2002	39	37	—	10	6
2003	39	39	—	6	7
2004	39	39	—	6	6
2005	39	39	6	6	6
2006	39	40	6	6	6
2007	39	40	5	6	5
2008	39	38	4	6	3
2009	39	37	4	4	3
2010	39	37	4	3	3
2011	39	37	4	2	2
2012	39	36	4	2	2
2013	39	36	4	2	2
2014	39	36	3	3	2

3. 前十强国家二级指标发展均衡，金砖国家表现欠佳

创新绩效分指数排名前十的国家，在二级指标的表现上都比较均衡。美国、瑞士和英国的表现最好，三国均有4项指标排名进入了前10位。挪威、爱尔兰和法国均有3项二级指标进入前10位。丹麦、日本和德国均有2项指标排名进入前10位。这些国家均没有进入第三集团的二级指标。

金砖国家中，除中国外，其他四个国家的排名比较落后，巴西、俄罗斯、南非和印度分列第31位、第36位、第39位和第40位。从二级指标看，俄罗斯有两项指标进入第一集团，巴西和印度分别有一项指标进入第一集团。

（五）创新环境有待完善

创新环境是提升国家创新能力的重要基础和保障。创新环境分指数选取如下10个二级指标：知识产权保护力度、政府规章对企业负担影响、宏观经济环境、当地研究与培训专业服务状况、反垄断政策效果、企业创新项目获得风险资本支持的难易程度、员工收入与效率挂钩程度、产业集群发展状况、企业与大学研发协作程度以及政府采购对技术创新影响。这些指标及数据全部引自世界经济论坛历年《全球竞争力报告》。

1. 中国排名降至第19位，新加坡多年稳居第一

中国创新环境分指数国际排名出现较大波动，从2013年的第13位回落至第19位。近十年来，中国创新环境整体处于波动上升状态。2005—2009年，指数在小幅波动后一路走高，2009年上升至第16位，随后两年小幅下降至第19位，2013年上升至第13位，2014年又回落至2011年水平。

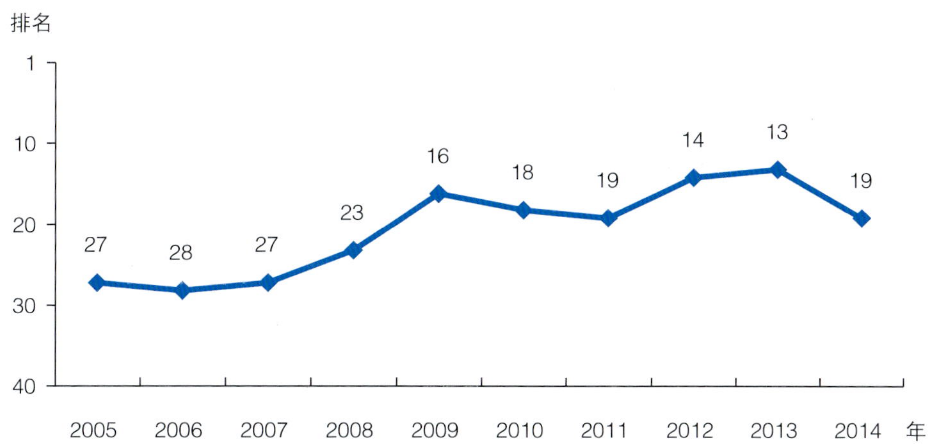

图3-7　中国创新环境分指数世界排名

在40个国家中，创新环境分指数排名前15位的国家有：新加坡、瑞士、卢森堡、美国、挪威、英国、荷兰、芬兰、德国、新西兰、日本、瑞典、加拿大、爱尔兰和以色列。其中，新加坡在该分指数上已多年居第1位，美国取代德国排在第4位，德国从去年的第4位下降到第9位，芬兰从第3位下降到第8位。在40个国家中，以色列进步最明显，从上年的第21位上升到第15位，进入第一集团。与其他国家相比，这些国家在创新环境方面有明显的优势。

2. 优势与劣势指标并存，个别指标下降幅度较大

在创新环境的二级指标中，中国排名比较靠前的指标有三个：宏观经济环境、政府规章对企业负担影响、政府采购对技术创新影响。其中宏观经济环境指标排名比较稳定，一直位居前5名。表明中国具有良好而稳定的市场和政策环境。其他指标排名比较靠后，其中员工收入与效率挂钩程度以及企业创新项目获得风险资本支持的难易程度两项指标出现明显下滑，分别从上年的第9位和第5位下降至第18位和第11位。其原因可能与国内创新需求旺盛导致市场竞争加剧有关。知识产权保护力度相比去年也下滑了7位，从第25位下降至第32位。反垄断政策效果指标也较去年下滑了2位，居第24位。另外，当地研究与培训专业服务状况和企业与大学研发协作程度等指标排名相对靠后，与前10名的国家相比有相当大的差距。这表明，中国的创新环境尚不够稳定，依然存在亟待改善的方面。

表3-2　中国创新环境分指数构成指标的世界排名演变

指标	2007	2008	2009	2010	2011	2012	2013	2014
创新环境分指数排名	27	23	16	18	19	14	13	19
其中：知识产权保护力度	36	3	21	28	28	27	25	32
政府规章对企业负担影响	11	6	5	7	6	3	6	9
宏观经济环境	2	5	–	–	4	3	4	4
当地研究与培训专业服务状况	29	30	32	30	33	30	33	34
反垄断政策效果	37	35	28	28	28	27	22	24
企业创新项目获得风险资本支持的难易程度	34	29	12	11	12	8	5	11

续表

指标	2007	2008	2009	2010	2011	2012	2013	2014
员工收入与效率挂钩程度	8	6	12	9	28	5	9	18
产业集群发展状况	19	16	12	12	16	18	18	18
企业与大学研发协作程度	23	21	22	24	26	25	25	25
政府采购对技术创新影响	17	13	6	8	8	3	4	4

在创新环境方面有两项指标尤其值得关注。一是企业创新项目获得风险资本支持的难易程度从第5位下滑至第11位，表明企业创新项目的融资难度加大。尽管我国风险投资规模发展迅速，但是随着创新创业的兴起，企业对风险资本的需求越来越高，与这种需求相比，市场供给还无法满足。二是知识产权保护力度从第25位下降至第32位。随着专利产出的快速增长，社会对知识产权保护的需求越来越强，政府保护知识产权的力度还有待进一步提升。

3. 中国综合优势领先金砖国家，仅俄罗斯实现提升

金砖国家间创新环境分指数排名差异显著。2014年，中国排名依然领先于其他四国，南非、印度、巴西和俄罗斯分别列第27位、第25位、第38位和第31位。和上年相比，除了俄罗斯上升了两位外，其他三国均有小幅下滑。相比之下，中国的创新环境依然具有较为明显的优势。

表3–3　金砖国家创新环境分指数构成指标的世界排名（2014年）

指标	中国	南非	印度	巴西	俄罗斯
创新环境分指数排名	19	27	25	38	31
其中：知识产权保护力度	32	20	26	38	39
政府规章对企业负担影响	9	28	10	40	27
宏观经济环境	4	28	31	37	17
当地研究与培训专业服务状况	34	26	36	40	30
反垄断政策效果	24	11	27	32	36
企业创新项目获得风险资本支持的难易程度	11	23	8	32	28

续表

指标	中国	南非	印度	巴西	俄罗斯
员工收入与效率挂钩程度	18	38	28	29	8
产业集群发展状况	18	23	21	26	38
企业与大学研发协作程度	25	24	30	31	36
政府采购对技术创新影响	4	37	14	33	25

从金砖国家创新环境二级指标排名来看，中国在宏观经济环境、政府采购对技术创新的影响以及政府规章对企业负担的影响这几项指标上有较为明显的优势；南非在知识产权保护力度、反垄断政策效果两项指标上排名高于其他国家；印度在企业创新项目获得风险资本支持的难易程度上排名最靠前；巴西在产业集群发展方面具备一定的优势；俄罗斯则在员工收入与效率挂钩程度上排名高于其他四国。

四、中国创新能力的发展与演变

从历史演变特征看，我国国家创新能力不断增强，但跃升至全球创新“第一集团”依然面临巨大挑战。2000—2014年，我国在创新资源、知识创造、企业创新和创新绩效指标上均呈现出明显的上升态势。创新资源分指数年均增速为10.3%；知识创造分指数年均增速达到11.7%；企业创新分指数年均增速为16.3%；创新绩效分指数年均增速达10.6%；创新环境分指数的10项指标中有8项得分上升。

国家“十二五”科技发展规划提出的10项科技指标中，9项指标已经实现或有望如期实现。我国国家综合创新能力稳步提高，国家创新指数世界排名跃升至世界第18位。科技投入和产出能力大幅跃升，R&D/GDP预计为2.1%，与2.2%的目标尚差0.1个百分点，但首次达到了欧盟15国的整体水平；每万名就业人员的研发人力投入预计达到50人年/万人；国际科学论文被引用次数世界排名第4位；每万人发明专利拥有量和每百研发人员发明专利申请量分别为6.7件/万人和24.3件/百人年。科技创新支撑经济发展与产业转型取得显著成效，科技进步贡献率预计将达到55.3%；高技术产业增加值占制造业增加值比重有望达到18.3%。科技创新环境得到改善，全国技术市场成交合同金额达到9835亿元；公民具备基本科学素质的比例达到6.2%。

（一）国家创新指数演变路径

1. 国家创新指数历史演变的基本态势

进入新世纪以来，尤其是《规划纲要》颁布实施以来，我国的科技创新资源投入大幅增长，知识创造和应用能力迅速提升，企业创新日益活跃，创新绩效日益显现，创新环境不断完善。我国创新能力与创新型国家的差距正在快速缩小，国家创新指数变化已经充分显示了这一演变趋势。

2000年以来，我国已经整整经历了三个五年规划期，在这一历史节点观测我国创新指数的变化特征，有助于把握我国国家创新能力的演变轨迹。分析显示，十几年来我国创新能力稳步提升，整体呈现对数曲线增长态势。如果以“九五”末期2000年的国家创新指数分值为100测算，则“十五”末期的2005年创新指数增长到194（见图4-1）；以2005年的国家创新指数分值为100，则“十一五”末期的2010年创新指数增长到175（见图4-2）；以2010年的国家创新指数分值为100，则到2014年创新指数增长到130（见图4-3）。可见，随着我国创新能力的提升，越来越趋向与世界创新能力最强的“第一集团”国家直接竞争，其激烈程度可想而知，这与我国创新型国家建设逐渐进入攻坚阶段是一致的。

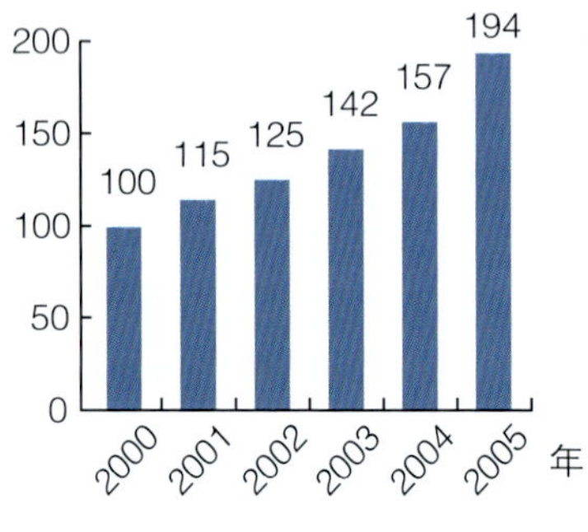

图4-1 “十五”期间我国国家创新指数演变

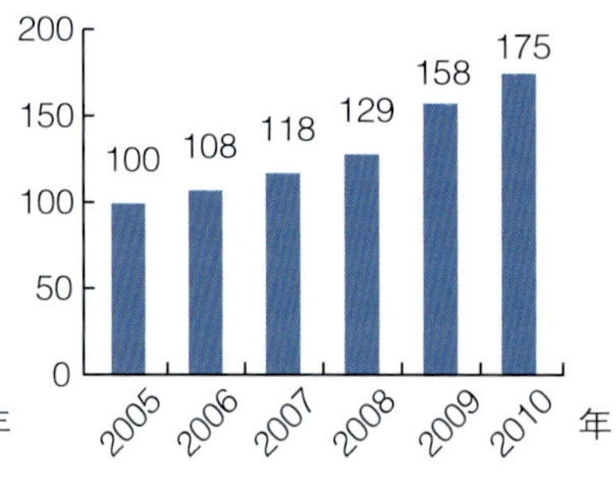

图4-2 “十一五”期间我国国家创新指数演变

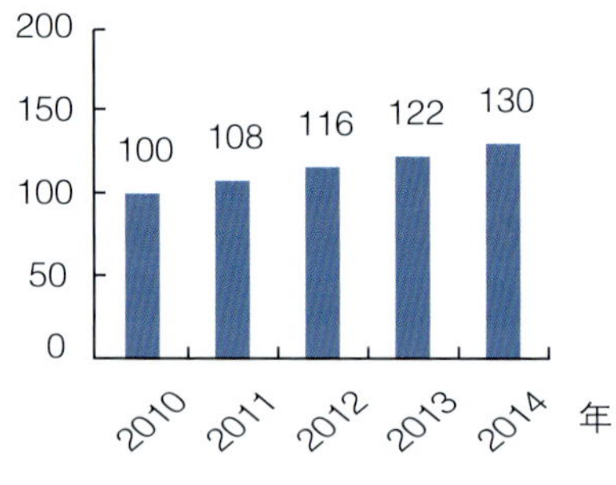

图4-3 “十二五”以来我国国家创新指数演变

2. 国家创新指数演变的影响因素

在构成国家创新指数的五项一级指标中，除创新环境分指数略有波动外，中国在创新资源、知识创造、企业创新和创新绩效分指数上均呈现出明显的上升趋势。尤其是企业创新和知识创造两个分指数，表现出迅速增长态势（见表4–1）。

表4–1　我国国家创新指数一级指标指数变化情况

年份	创新资源	知识创造	企业创新	创新绩效	创新环境
2000	100	100	100	100	—
2001	113	102	135	109	—
2002	126	109	150	117	—
2003	141	131	171	126	—
2004	152	154	191	130	—
2005	147	164	226	140	100
2006	160	174	261	158	98
2007	197	188	311	181	102
2008	218	193	356	216	108
2009	255	275	528	241	115
2010	281	295	618	276	112
2011	308	355	674	319	109
2012	345	407	725	356	112
2013	378	416	788	385	112
2014	396	470	825	409	111

资金、人才和信息资源是科技创新活动不可缺少的资源要素。2000—2014年，我国创新资源分指数年均增速为10.3%，体现了我国科技创新资源投入持续增加的发展态势。科技创新资源投入是国家创新能力提高的重中之重，其快速提升为经济发展方式转变和产业转型发展提供了根本保障。

论文与专利是知识创造活动的成果，是科技创新活动的直接产出。2000—2014年，我国知识创造分指数年均增速为11.7%，表明我国的科学研究能力迅速增强，知识创造及转化应用为创新活动提供了强有力的支撑。知识创造能力的提高为增强国家原始创新能力、提高自主创新水平提供了重要源泉。

企业是技术创新的主体，企业创新能力的高低是国家创新能力的重要体现。2000—2014年，我国的企业创新能力快速提高，企业创新分指数年均增速为16.3%。随着我国企业创新投入力度的持续提升，以及国际竞争参与程度的不断加深，我国企业创新投入和产出能力仍将会有更大幅度的增长。

创新绩效是经济发展水平提升、产业结构升级和社会进步的综合反映，是开展创新活动的终极目标，是任何创新能力评价都不可或缺的组成部分。从历史变化趋势看，我国的创新绩效稳步提升。2000—2014年，我国创新绩效分指数年均增速达10.6%。与其他一级指标相比，创新绩效的显现具有一定的滞后性，因此未来提升的潜力很大。

创新环境是创新活动顺利高效开展的重要保障。《规划纲要》颁布实施以后，尤其是"十二五"以来，我国的创新环境已经取得了极大改善。与2005年相比，2014年我国创新环境分指数所包含的10项指标中有8项指标得分上升，只有2项指标得分略有下降。随着新一轮创新创业政策的出台，我国创新环境将会进一步改善。

（二）国家“十二五”科技规划目标完成情况

1. “十二五”规划指标监测结果

“十二五”时期是实施《规划纲要》、建成创新型国家过程中承前启后的关键阶段。国家“十二五”科技规划从国家综合创新能力、科技投入和产出、科技创新支撑经济发展与产业转型以及科技创新环境等方面提出了10项科技指标及其到2015年的发展目标。截至2015年，10项指标中的9项指标已经或有望如期实现（见表4–2）。这充分说明，“十二五”以来我国科技创新事业取得显著成效。

（1）国家综合创新能力稳步提高。在反映国家综合创新能力的国家创新指数世界排名方面，我国已跃升至世界第18位，完成预期目标。

（2）国家科技投入和产出能力大幅跃升。2015年，我国R&D/GDP预计为2.1%，与2.2%的目标尚差0.1个百分点，是唯一预期不能实现发展目标的指标。但应该看到，我国该指标已首次达到了欧盟15国的整体水平。我国研发人力投入强度预计达到50人年/万人；SCI论文被引次数世界排名第4位；人均发明专利拥有量和研发人员平均发明专利申请量分别为6.3件/万人和24.3件/百人年，实际增量分别是目标增量的2.9倍和7.2倍。

（3）科技创新支撑经济发展与产业转型取得显著成效。科技进步贡献率预计将达到55.3%；高技术产业增加值占制造业增加值比重有望达到18.3%。

（4）科技创新环境得到改善。全国技术市场成交合同金额达到9835亿元；公民具备基本科学素质的比例达到6.2%。

表4–2 国家“十二五”科技发展规划指标及完成情况

规划指标	2010年	2014年	2015年预计值	2015年发展目标	预计完成情况
国家创新指数世界排名（位）	21	19	18	18	完成
R&D/GDP（%）	1.73	2.05	2.1	2.2	未完成
每万名就业人员的研发人力投入（人年）	33	48	50	43	完成

续表

规划指标	2010年	2014年	2015年预计值	2015年发展目标	预计完成情况
国际科学论文被引用次数世界排名（位次）	8	4	4	5	完成
每万人发明专利拥有量（件）	1.7	4.9	6.3	3.3	完成
研发人员的发明专利申请量（件/百人年）	10	21	24.3	12	完成
科技进步贡献率（%）	50.9	54.2	55.3	55	完成
高技术产业增加值占制造业增加值比重（%）	13	17.4	18.3	18	完成
全国技术市场成交合同金额（亿元）	3907	8577	9835	8000	完成
公民具备基本科学素质的比例（%）	3.27	4.48*	6.2	5	完成

注：*为2013年数据。

2. 对“十三五”科技规划指标的启示

“十三五”时期是全面建成小康社会、进入创新型国家行列的决胜阶段。从“十二五”规划目标完成率（90%）来看，五年来中国科技创新事业取得了显著成就。R&D/GDP未实现发展目标，意味着我国在“十三五”期间仍然需要继续加大研发投入，以实现经济发展方式的根本性转变。国家“十三五”科技规划指标既要体现继承性、又要体现创新性，总体上遵循以下基本原则。

第一，核心指标需全面涵盖。被国际社会广泛使用、体现国家经济发展方式和综合创新能力的指标必须纳入。这些指标往往也是历次科技发展规划，甚至是国民经济和社会发展规划中被普遍采用、需要长期监测其发展态势的重要科技指标。

第二，重点指标需合理调换。体现国家科技投入产出特征的重点指标仍需纳入规划，但评价视角需要转换，尤其是已居于世界前列或已取得跨越式发展的规模性指标。转变的方向是进一步突出科技产出的质量、效益以及科技成果的转移转化。

第三，新型指标需积极纳入。面对国家经济社会发展对科技创新提出的新要求，“十三五”规划还需要引入一些新型指标，以体现深化科技改革和实施创新驱动的成效，反映国家的自主创新能力和国际科技竞争力。

第四，目标设定需充分论证。针对“十二五”规划中某些指标增速与预期差别较大的缺憾，“十三五”规划指标的目标设定应满足科技创新主动适应和引领新常态的客观要求。在设定方法上，既要运用面向全面建成小康社会、进入创新型国家行列的愿景分析，也要采用数理方法进行科学测算，二者有机结合，合理设定发展目标。

国家创新指数报告2015

国别分析

第二部分

阿根廷

南美洲国家。2014年人口4180万人，国土面积约278万平方公里，GDP总量5376.6亿美元，人均GDP 12510美元，为中高收入国家。单位能耗产出7.58美元/千克标准油；R&D经费投入36.5亿美元；R&D经费投入强度为0.58%；SCI收录论文8964篇；PCT专利申请数33件；高技术产业出口占制造业出口比重为9.8%。

阿根廷国家创新指数综合排名第40位，与上年持平。5个一级指标中，创新资源排名第35位，与上年持平；知识创造排名第36位，较上年提升1位；企业创新排名第40位，与上年持平；创新绩效排名第34位，与上年持平；创新环境排名第40位，与上年持平。

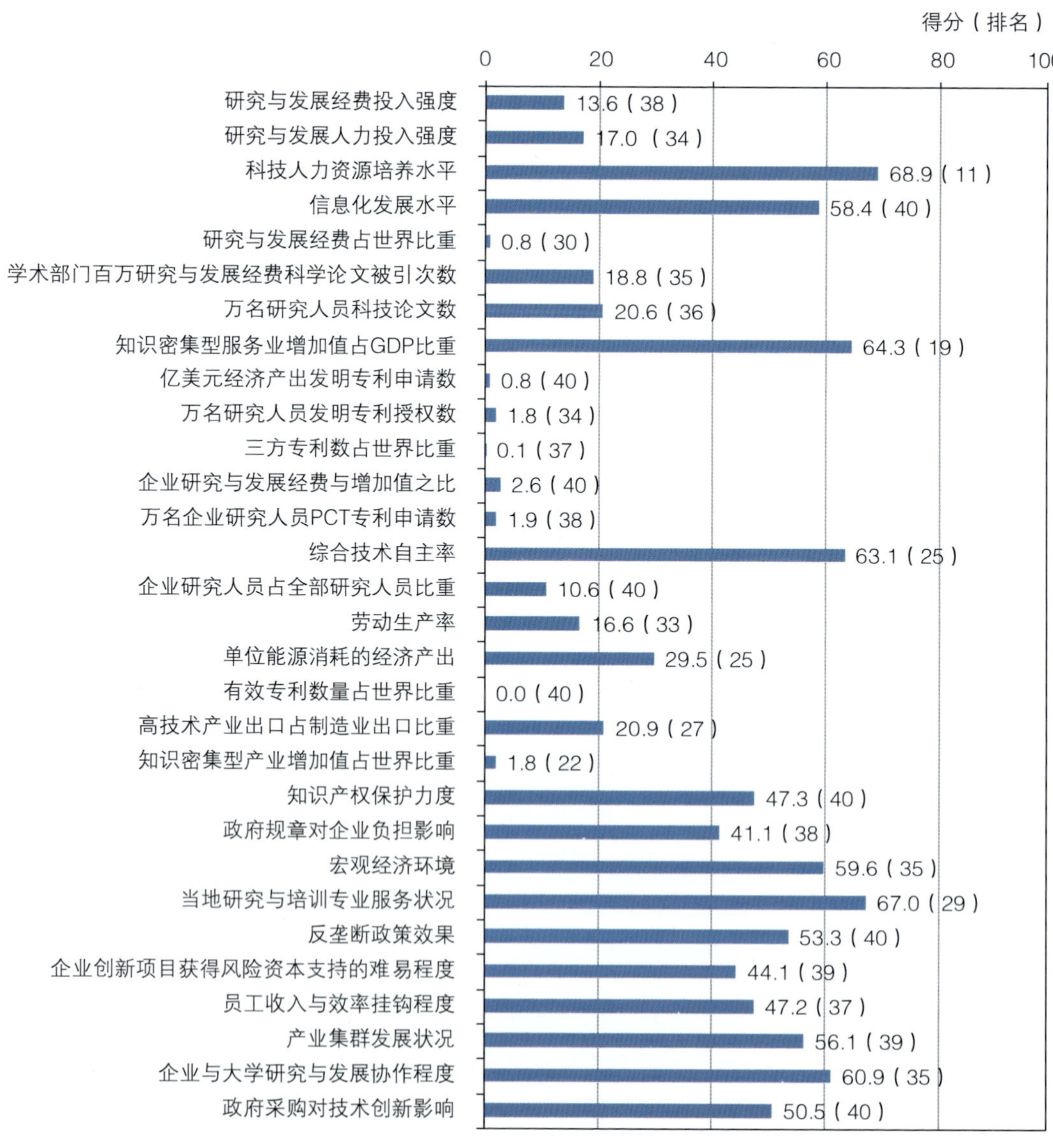

澳大利亚

大洋洲国家。2014年人口2364万人，国土面积约762万平方公里，GDP总量14546.8亿美元，人均GDP 61925美元，为高收入国家。单位能耗产出12.09美元/千克标准油；R&D经费投入323.1亿美元；R&D经费投入强度为2.11%；SCI收录论文6.2万篇；PCT专利申请数1722件；高技术产业出口占制造业出口比重为12.9%。

澳大利亚国家创新指数综合排名第19位，比上年下降2位。5个一级指标中，创新资源排名第12位，比上年上升2位；知识创造排名第10位，较上年下降3位；企业创新排名第28位，比上年上升1位；创新绩效排名第12位，与上年持平；创新环境排名第20位，与上年持平。

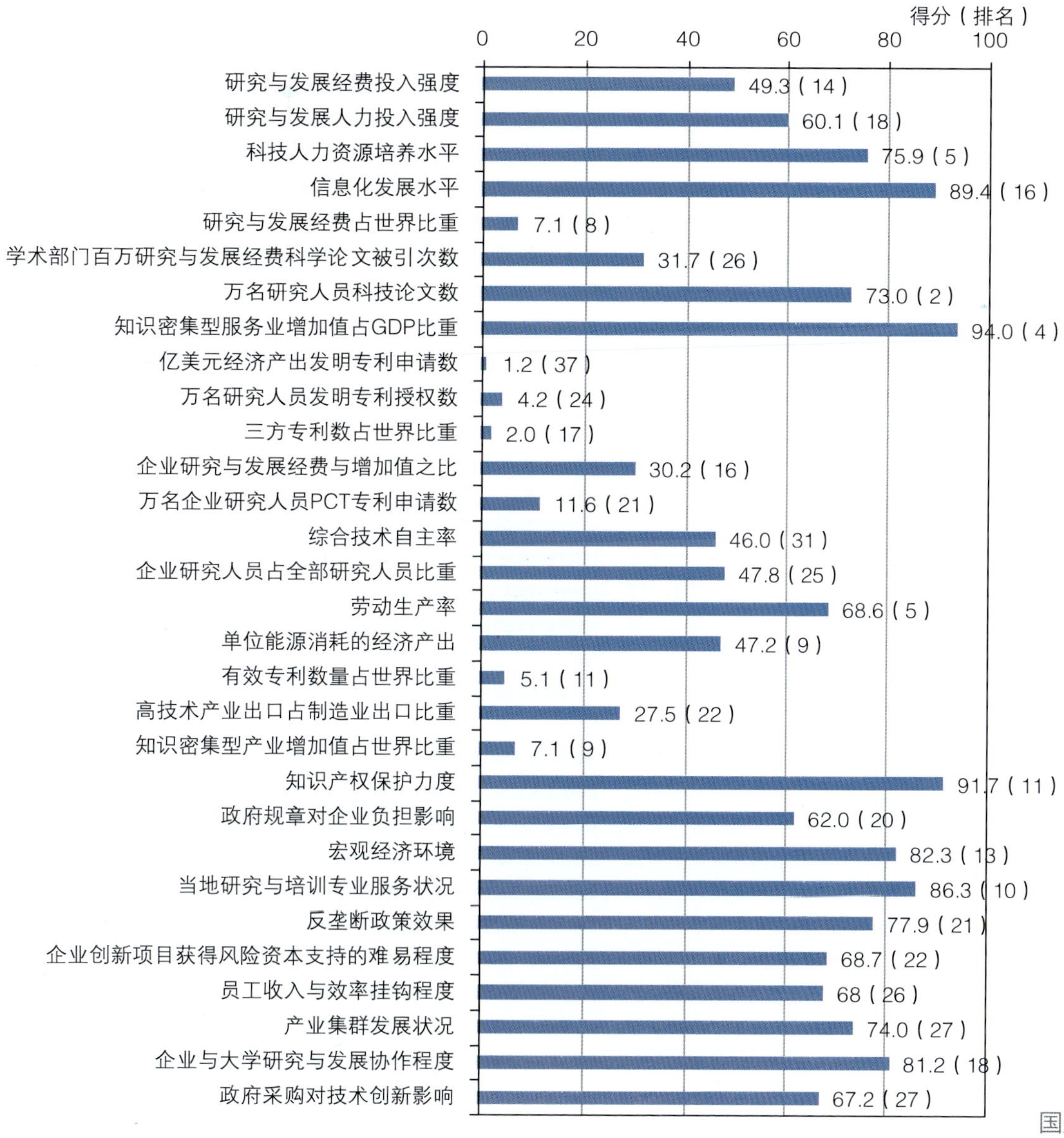

奥地利

欧洲国家。2014年人口854万人，国土面积约8.4万平方公里，GDP总量4368.9亿美元，人均GDP 51191美元，为高收入国家。单位能耗产出12.87美元/千克标准油；R&D经费投入130.5亿美元；R&D经费投入强度为2.99%；SCI收录论文1.5万篇；PCT专利申请数1387件；高技术产业出口占制造业出口比重为13.7%。

奥地利国家创新指数综合排名第15位，比上年上升1位。5个一级指标中，创新资源排名第8位，比上年上升3位；知识创造排名第29位，与上年持平；企业创新排名第10位，与上年持平；创新绩效排名第17位，与上年持平；创新环境排名第23位，比上年下降8位。

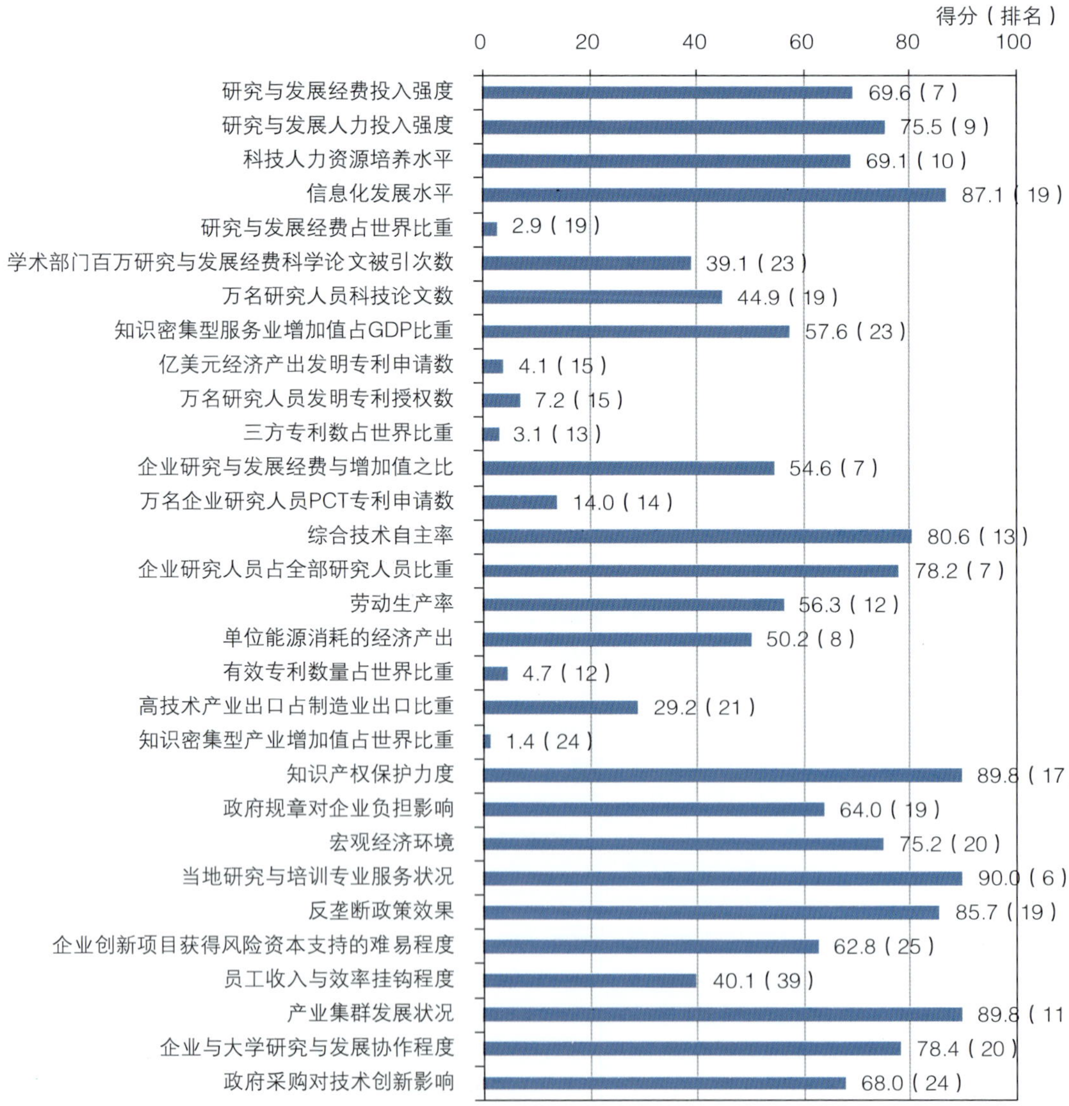

比利时

欧洲国家。2014年人口1116万人，国土面积约3.1万平方公里，GDP总量5315.4亿美元，人均GDP 47353美元，为高收入国家。单位能耗产出9.29美元/千克标准油；R&D经费投入131亿美元；R&D经费投入强度为2.46%；SCI收录论文2.3万篇；PCT专利申请数1196件；高技术产业出口占制造业出口比重为11.4%。

比利时国家创新指数综合排名第16位，比去年上升2位。5个一级指标中，创新资源排名第16位，比去年上升2位；知识创造排名第9位，比去年上升1位；企业创新排名第16位，与去年持平；创新绩效排名第19位，比去年上升1位；创新环境排名第16位，比去年上升1位。

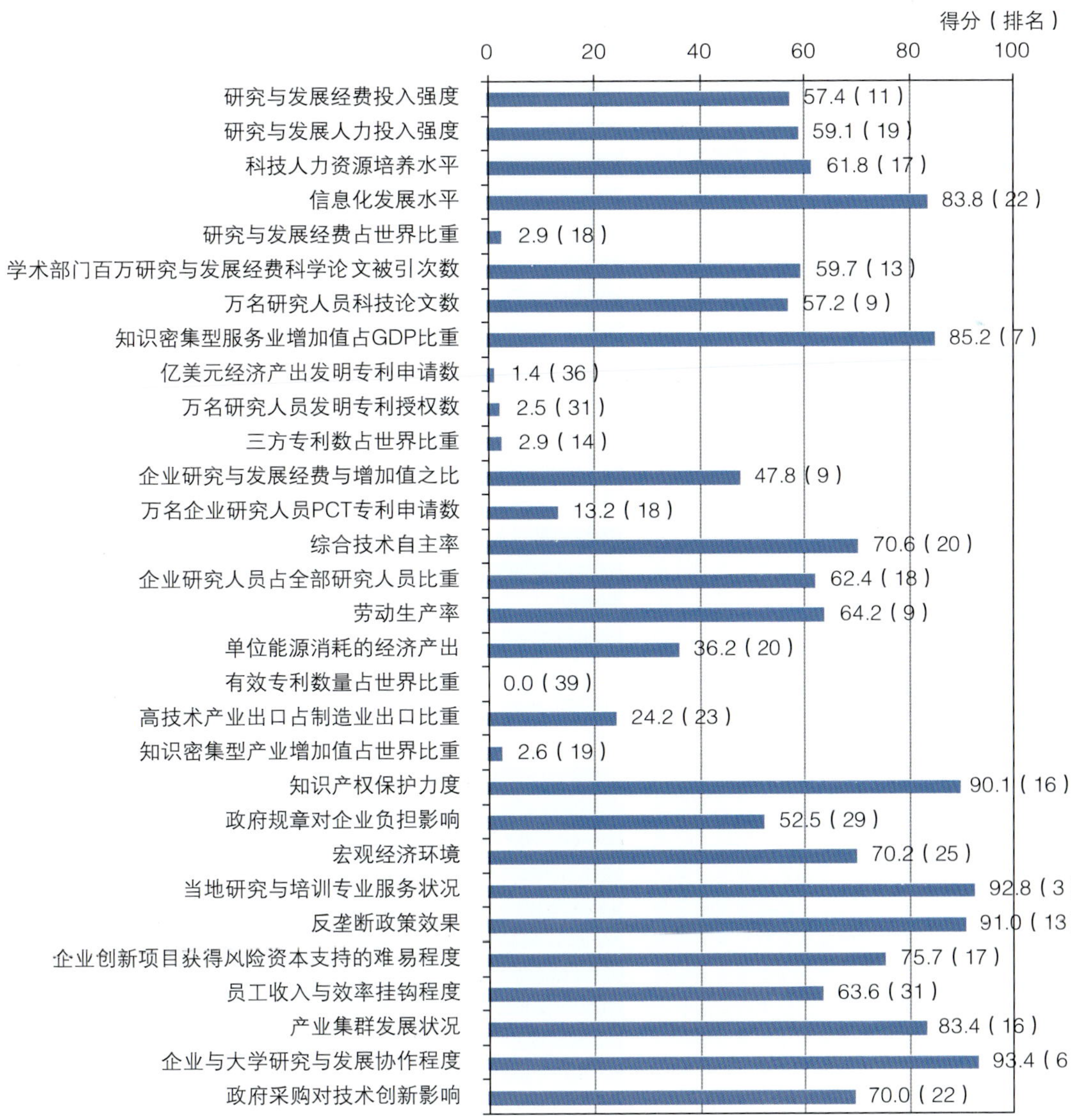

巴西

南美洲国家。2014年人口约2.06亿，国土面积约854.7万平方公里，GDP总量23460.8亿美元，人均GDP 11384美元，为中高收入国家。单位能耗产出8.41美元/千克标准油；R&D经费投入295.7亿美元；R&D经费投入强度为1.26%；SCI收录论文4.2万篇；PCT专利申请数580件；高技术产业出口占制造业出口比重为9.6%。

巴西国家创新指数综合排名第39位，比上年下降1位。5个一级指标中，创新资源排名第36位，比上年下降1位；知识创造排名第39位，比上年上升1位；企业创新排名第38位，比上年下降2位；创新绩效排名第31位，比上年下降2位；创新环境排名第38位，比上年下降2位。

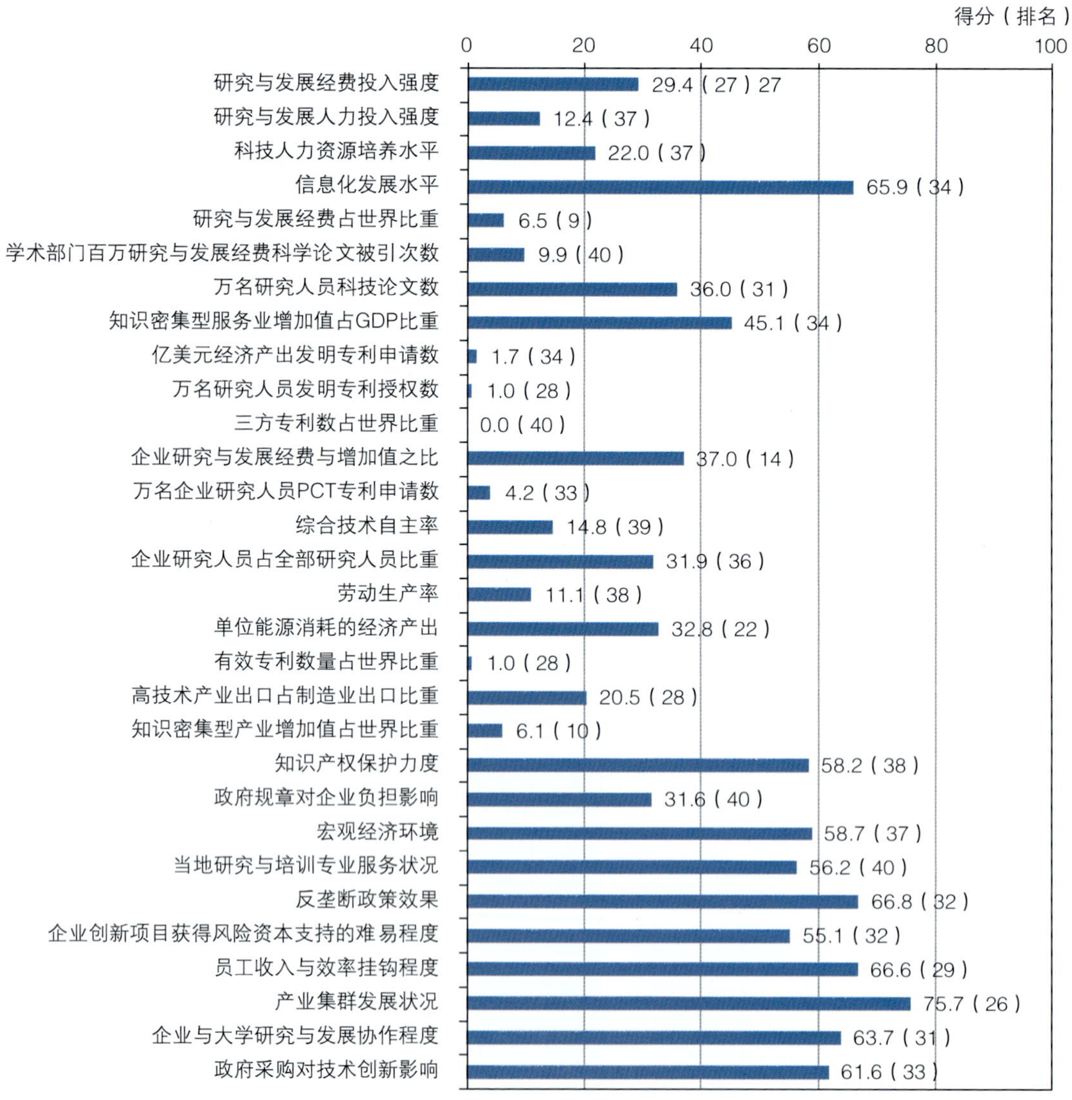

加拿大

北美洲国家。2014年人口3554万人，国土面积约998.5万平方公里，GDP总量17853.9亿美元，人均GDP 50235美元，为高收入国家。单位能耗产出7.32美元/千克标准油；R&D经费投入287.7亿美元；R&D经费投入强度为1.61%；SCI收录论文6.9万篇；PCT专利申请数3069件；高技术产业出口占制造业出口比重为14.1%。

加拿大国家创新指数综合排名第20位，比上年上升2位。5个一级指标中，创新资源排名第19位，比上年上升1位；知识创造排名第18位，比上年上升3位；企业创新排名第22位，比上年上升1位；创新绩效排名第20位，比上年上升1位；创新环境排名第13位，比上年下降1位。

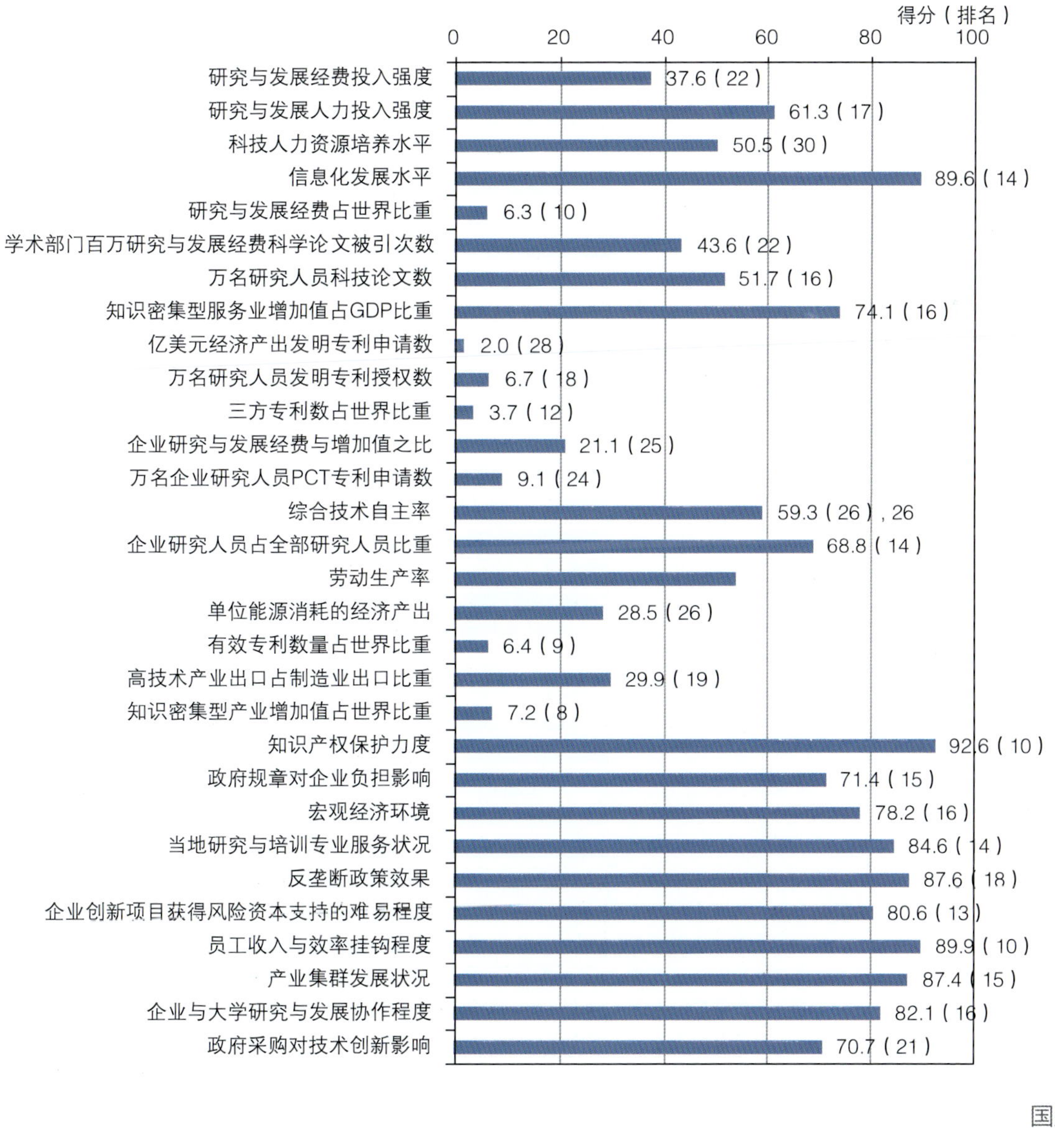

中国

亚洲国家。2014年人口13.68亿，国土面积约963万平方公里，GDP总量103548.3亿美元，人均GDP 7590美元，为中高收入国家。单位能耗产出3.15美元/千克标准油；R&D经费投入2118.6亿美元，仅次于美国，位列世界第2位；R&D经费投入强度为2.05%；SCI收录论文25万篇；PCT专利申请数2.55万件；高技术产业出口占制造业出口比重为27.0%。

中国国家创新指数综合排名第18位，比上年提高1位，是唯一进入前20位的发展中国家，大幅超越处于同一经济发展水平的国家。5个一级指标中，创新资源排名第27位，比上年提升2位；知识创造排名第12位，较上年大幅提升7位；企业创新排名第12位，比上年提升1位；创新绩效排名第11位，与上年持平；创新环境排名第19位，比上年下降6位。

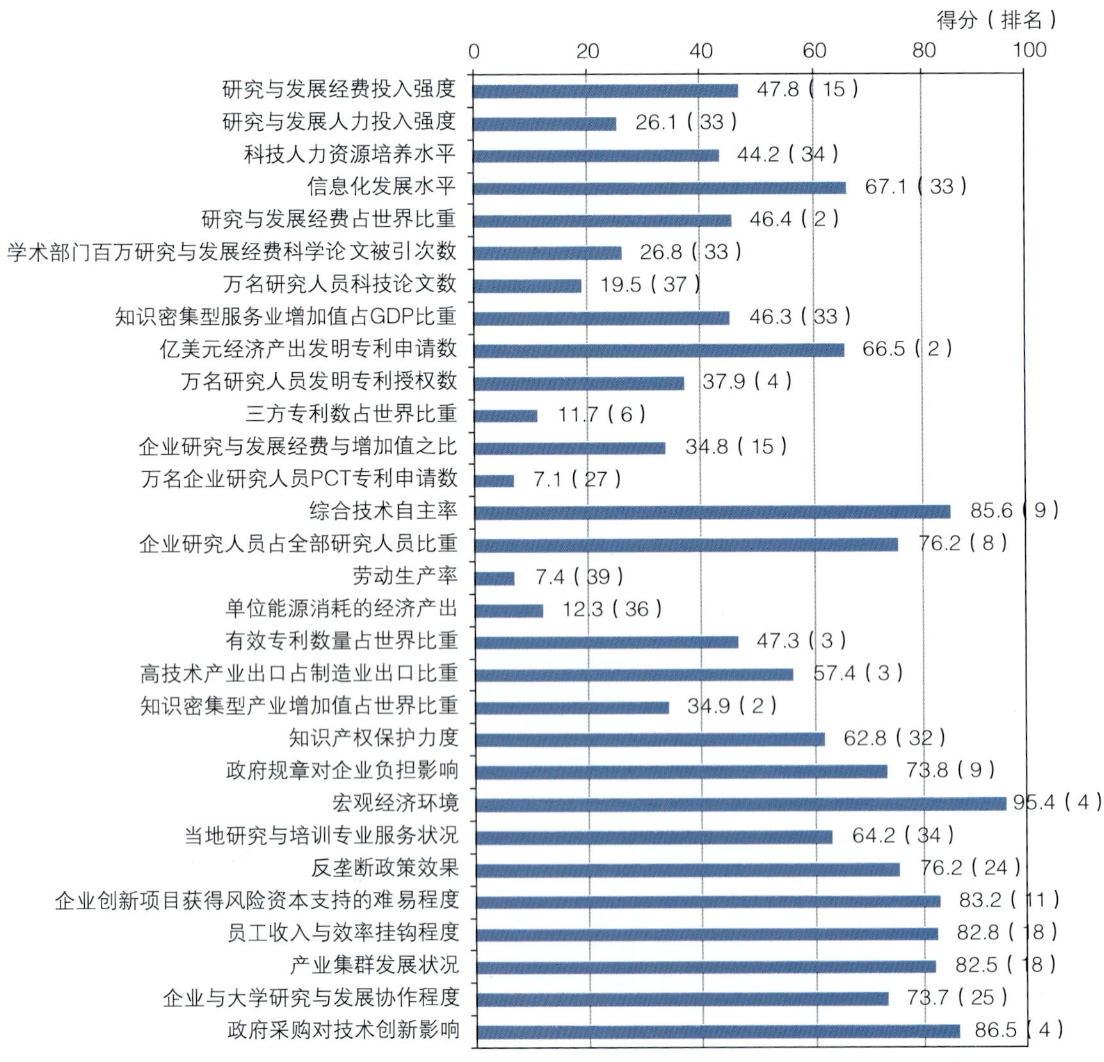

捷克

欧洲国家。2014年人口1052万人，国土面积约7.9万平方公里，GDP总量2052.7亿美元，人均GDP 19530美元，为高收入国家。单位能耗产出5.04美元/千克标准油；R&D经费投入41亿美元；R&D经费投入强度为2%；SCI收录论文1.2万篇；PCT专利申请数189件；高技术产业出口占制造业出口比重为14.7%。

捷克国家创新指数综合排名第27位，与上年持平。5个一级指标中，创新资源排名第21位，比上年上升1位；知识创造排名第31位，比上年下降3位；企业创新排名第23位，比上年上升1位；创新绩效排名第30位，与上年持平；创新环境排名第24位，比上年上升2位。

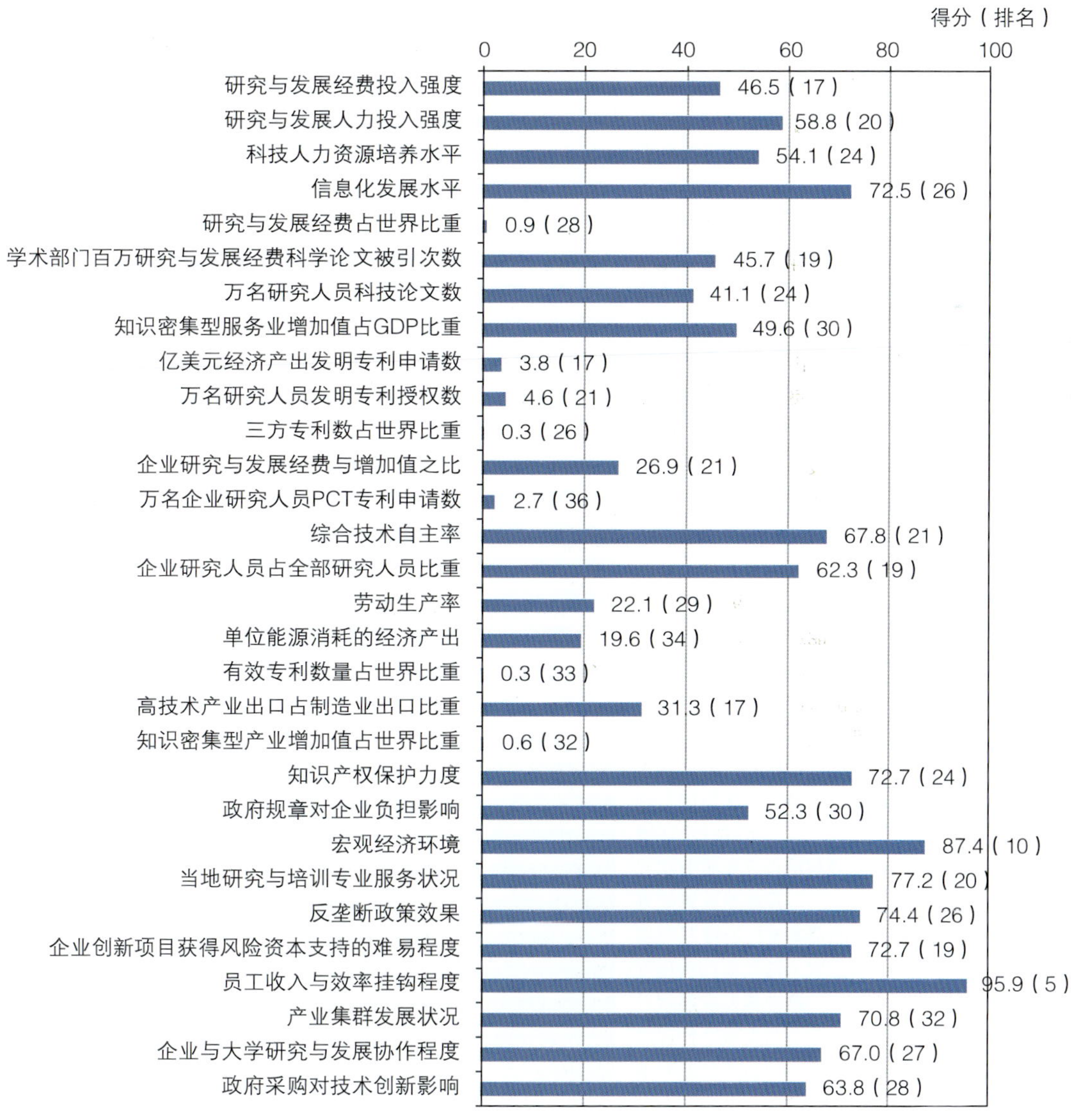

丹麦

欧洲国家。2014年人口5643万人，国土面积约4.3万平方公里，GDP总量3423.6亿美元，人均GDP 60707美元，为高收入国家。单位能耗产出19.15美元/千克标准油；R&D经费投入105.6亿美元；R&D经费投入强度为3.05%；SCI收录论文1.8万篇；PCT专利申请数1299件；高技术产业出口占制造业出口比重为14.3%。

丹麦国家创新指数综合排名第5位，与上年相比上升1位。5个一级指标中，创新资源排名第5位，与上年持平；知识创造排名第21位，比上年上升1位；企业创新排名第11位，与上年持平；创新绩效排名第9位，与上年持平；创新环境排名第17位，比上年上升1位。

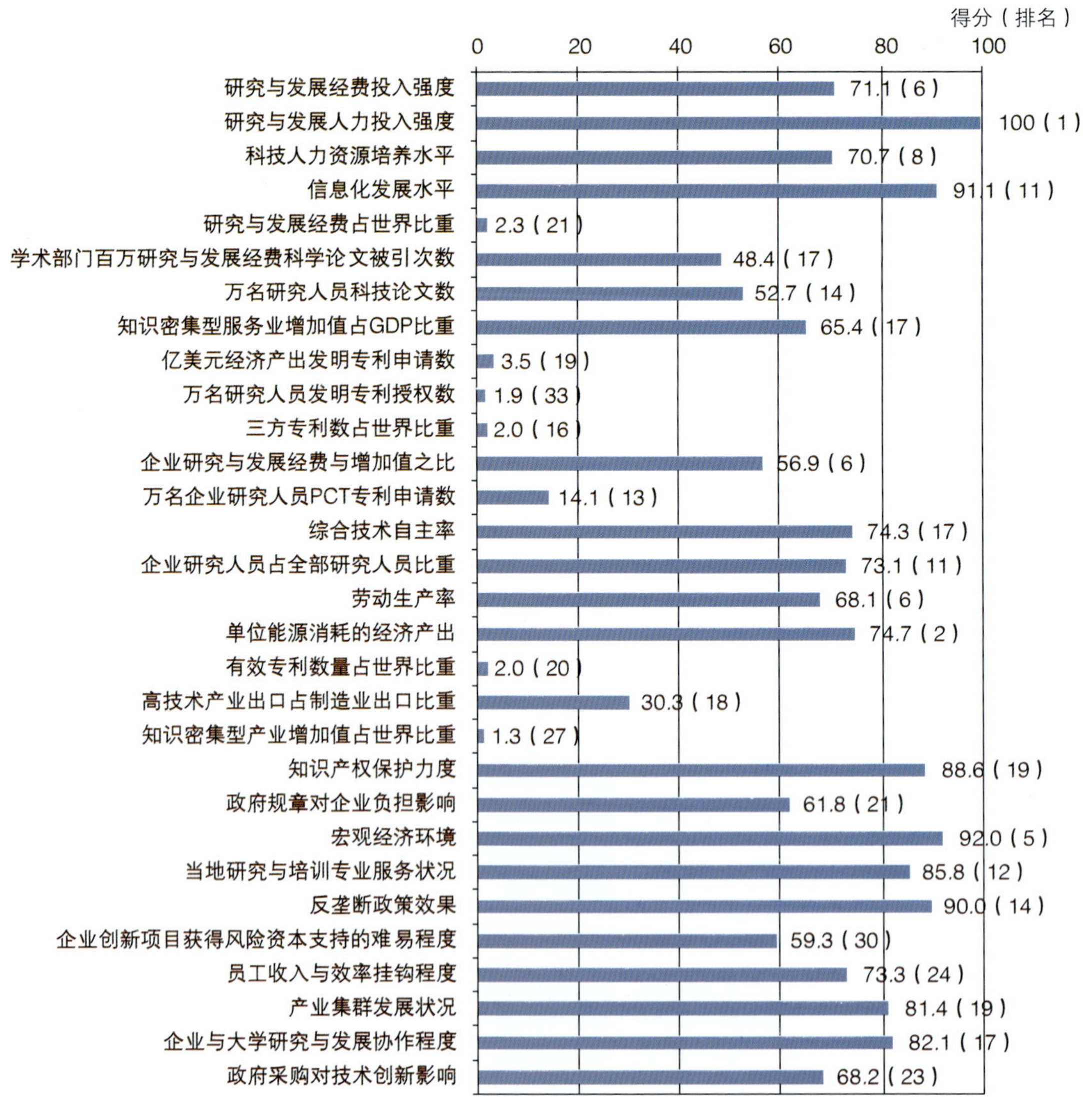

芬兰

欧洲国家。2014年人口5463万人，国土面积约33.8万平方公里，GDP总量2722.2亿美元，人均GDP 49824美元，为高收入国家。单位能耗产出8.34美元/千克标准油；R&D经费投入86.4亿美元；R&D经费投入强度为3.17%；SCI收录论文1.4万篇；PCT专利申请数1811件；高技术产业出口占制造业出口比重为7.2%。

芬兰国家创新指数综合排名第12位，比上年下降2位。5个一级指标中，创新资源排名第3位，与上年持平；知识创造排名第30位，比上年上升1位；企业创新排名第8位，与上年持平；创新绩效排名第23位，比上年下降1位；创新环境排名第8位，比上年下降5位。

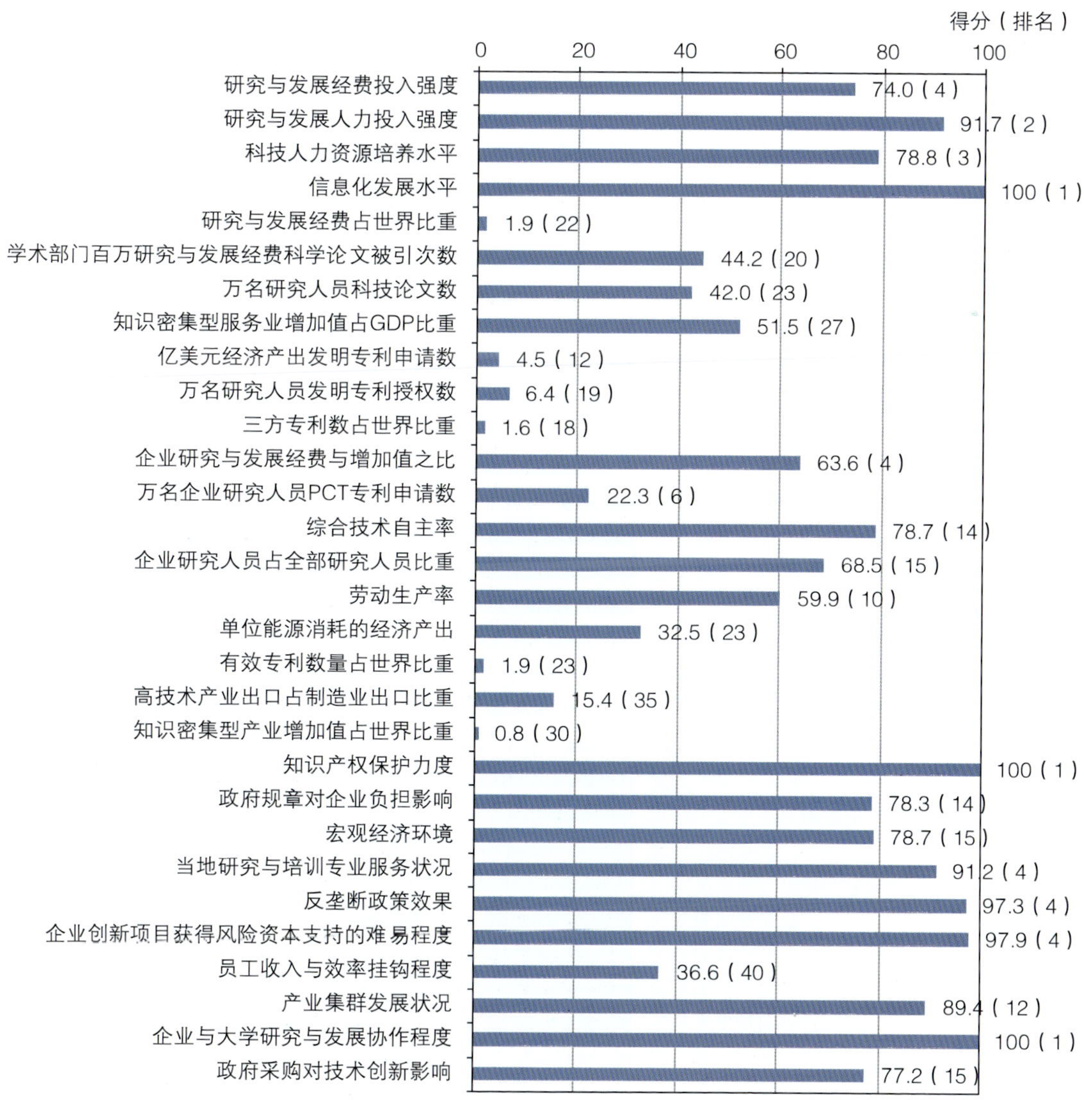

法国

欧洲国家。2014年人口6617万人，国土面积约67.3万平方公里，GDP总量28291.9亿美元，人均GDP 42733美元，为高收入国家。单位能耗产出11.14美元/千克标准油；R&D经费投入638.3亿美元；R&D经费投入强度为2.26%；SCI收录论文7.5万篇；PCT专利申请数8260件；高技术产业出口占制造业出口比重为25.8%。

法国国家创新指数综合排名第11位，比上年上升2位。5个一级指标中，创新资源排名第17位，与上年持平；知识创造排名第24位，比上年上升3位；企业创新排名第6位，比上年上升1位；创新绩效排名第8位，与上年持平；创新环境排名第18位，比上年上升1位。

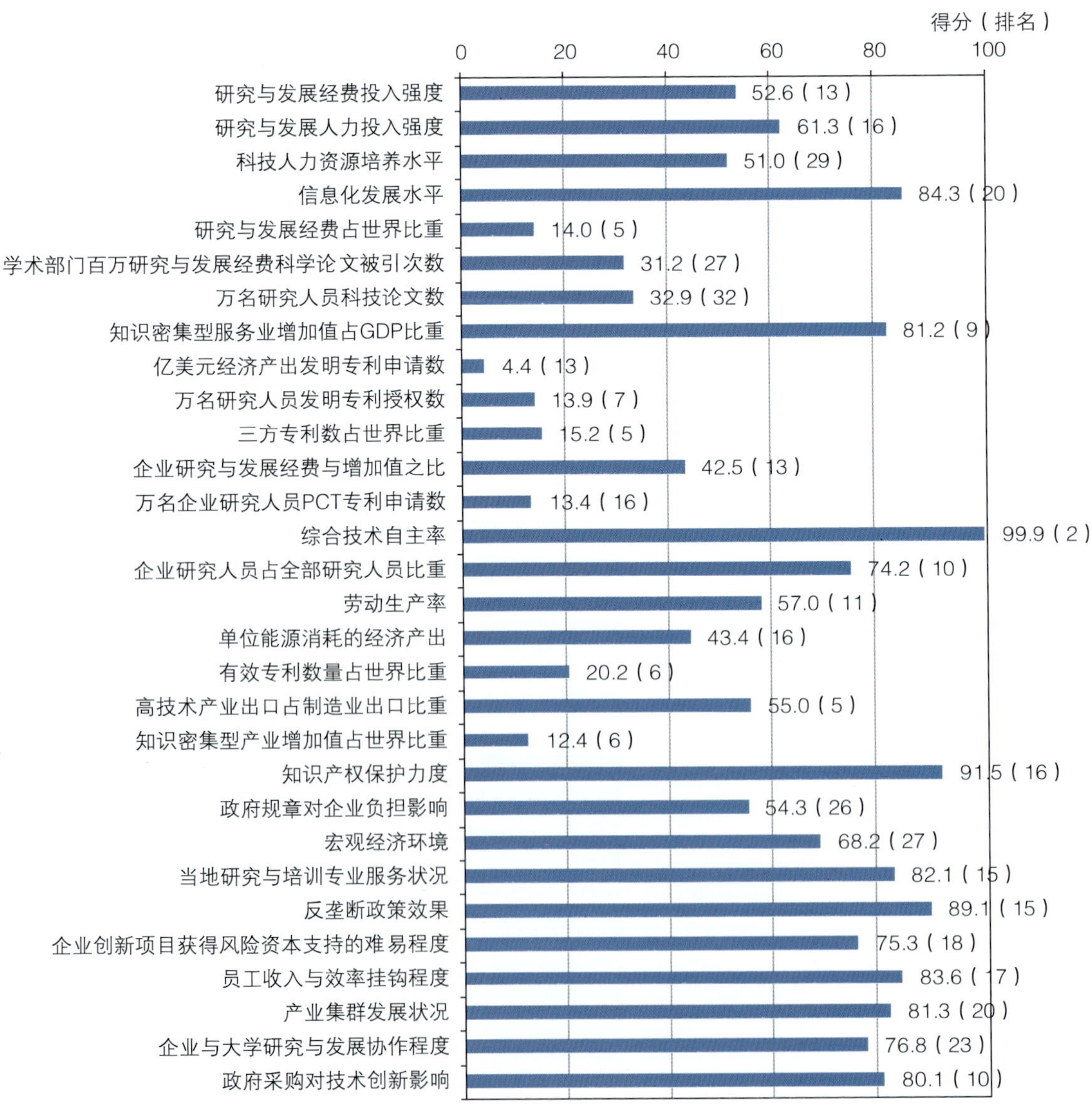

德国

欧洲国家。2014年人口8098万人，国土面积约35.7万平方公里，GDP总量38682.9亿美元，人均GDP 47822美元，为高收入国家。单位能耗产出11.99美元/千克标准油；R&D经费投入1099.4亿美元；R&D经费投入强度为2.84%；SCI收录论文11万篇；PCT专利申请数1.8万件；高技术产业出口占制造业出口比重为16.1%。

德国国家创新指数综合排名第6位，比上年上升3位。5个一级指标中，创新资源排名第9位，与上年持平；知识创造排名第26位，比上年上升4位；企业创新排名第5位，比上年上升1位；创新绩效排名第10位，比上年上升4位；创新环境排名第9位，比上年下降4位。

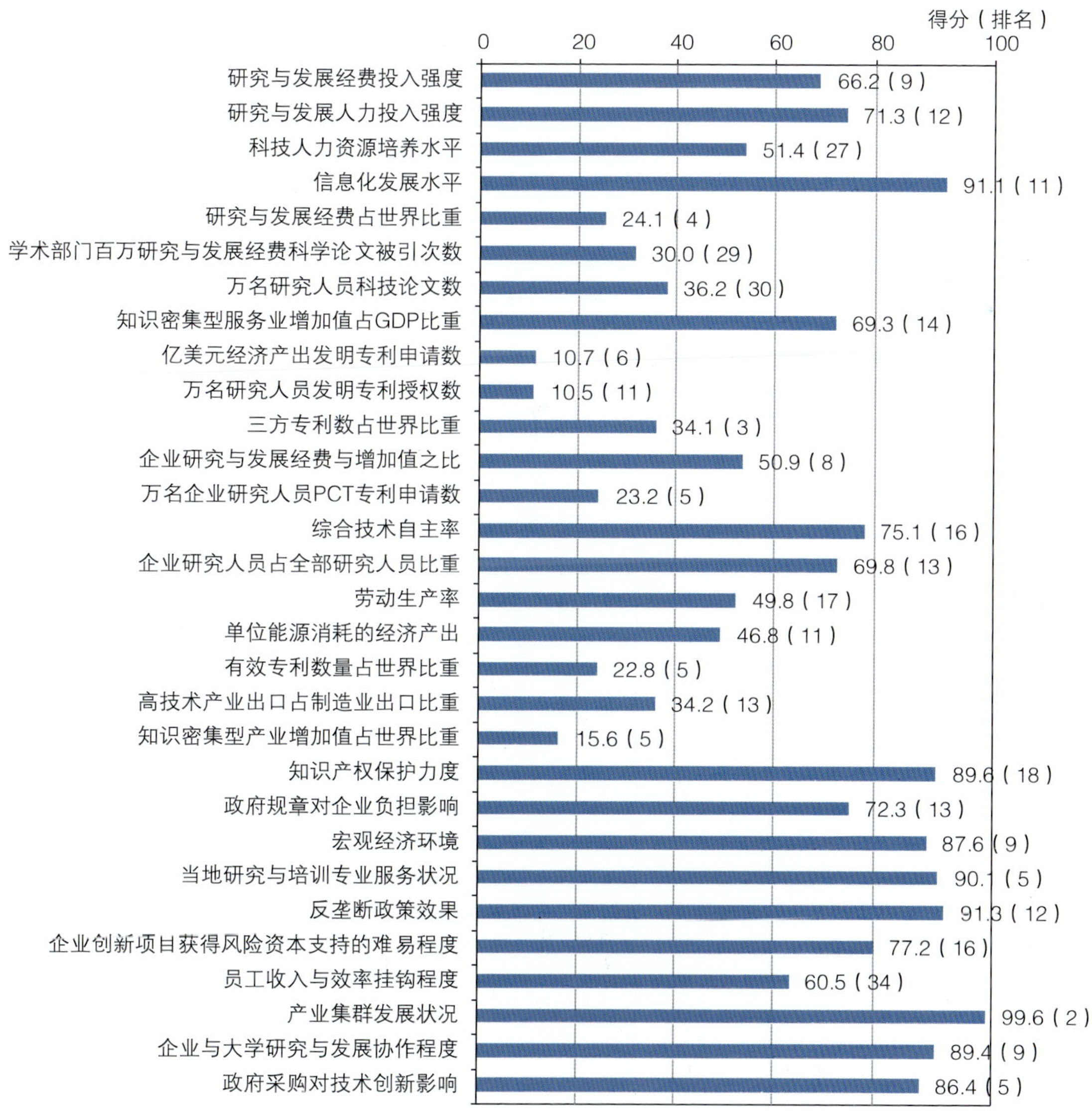

希腊

欧洲国家。2014年人口1093万人，国土面积约13.2万平方公里，GDP总量2355.7亿美元，人均GDP 21498美元，为高收入国家。单位能耗产出10.01美元/千克标准油；R&D经费投入19.7亿美元；R&D经费投入强度为0.83%；SCI收录论文1.1万篇；PCT专利申请数133件；高技术产业出口占制造业出口比重为7.5%。

希腊国家创新指数综合排名第31位，比上年下降1位。5个一级指标中，创新资源排名第24位，比上年上升4位；知识创造排名第25位，比上年下降9位；企业创新排名第31位，比上年下降1位；创新绩效排名第26位，比上年下降1位；创新环境排名第39位，与上年持平。

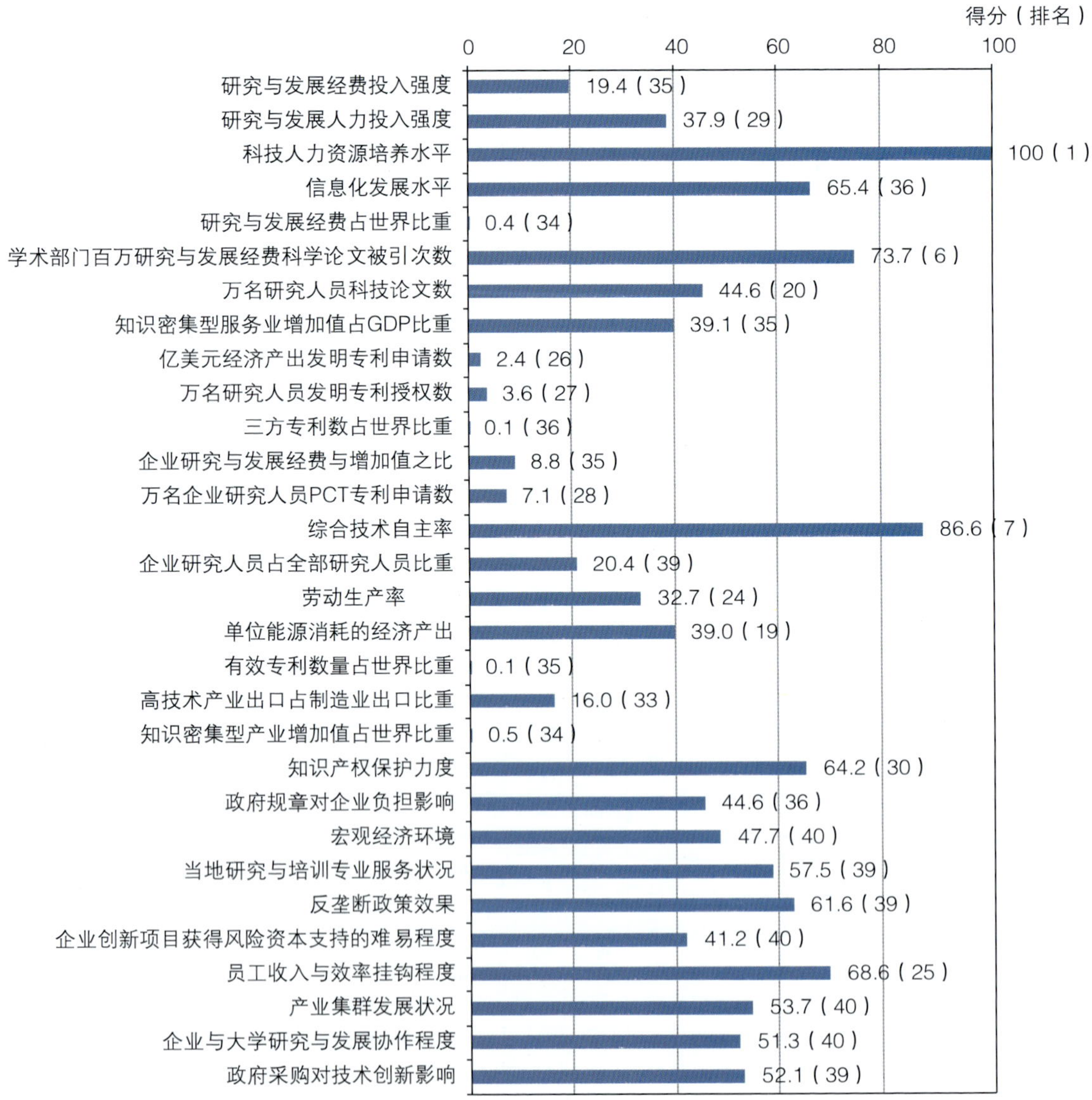

匈牙利

欧洲国家。2014年人口986万人，国土面积约9.3万平方公里，GDP总量1383.5亿美元，人均GDP 14029美元，为中高收入国家。单位能耗产出5.87美元/千克标准油；R&D经费投入19.0亿美元；R&D经费投入强度为1.37%；SCI收录论文7207篇；PCT专利申请数158件；高技术产业出口占制造业出口比重为16.3%。

匈牙利国家创新指数综合排名第29位，与上年持平。5个一级指标中，创新资源排名第30位，比上年上升1位；知识创造排名第14位，比上年下降3位；企业创新排名第29位，比上年上升2位；创新绩效排名第29位，比上年下降2位；创新环境排名第35位，比上年下降1位。

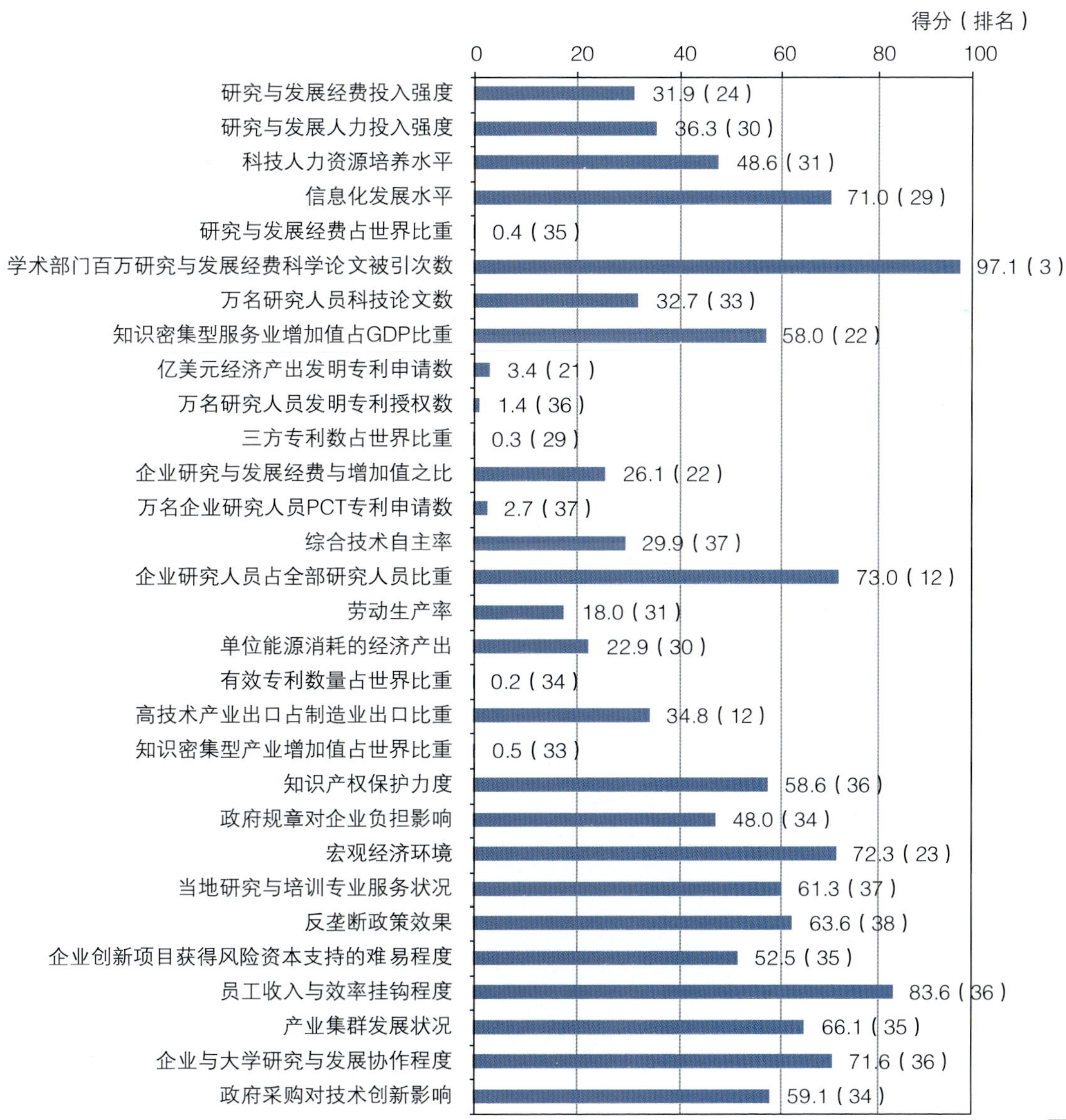

冰岛

欧洲国家。2014年人口33万人，国土面积约10.3万平方公里，GDP总量170.4亿美元，人均GDP 52004美元，为高收入国家。单位能耗产出2.85美元/千克标准油；R&D经费投入3.2亿美元；R&D经费投入强度为1.89%；SCI收录论文1055篇；PCT专利申请数43件；高技术产业出口占制造业出口比重为15.5%。

冰岛国家创新指数综合排名第26位，比上年下降2位。5个一级指标中，创新资源排名第26位，比上年下降18位；知识创造排名第22位，比上年上升4位；企业创新排名第32位，比上年下降5位；创新绩效排名第25位，比上年下降1位；创新环境排名第21位，比上年上升2位。

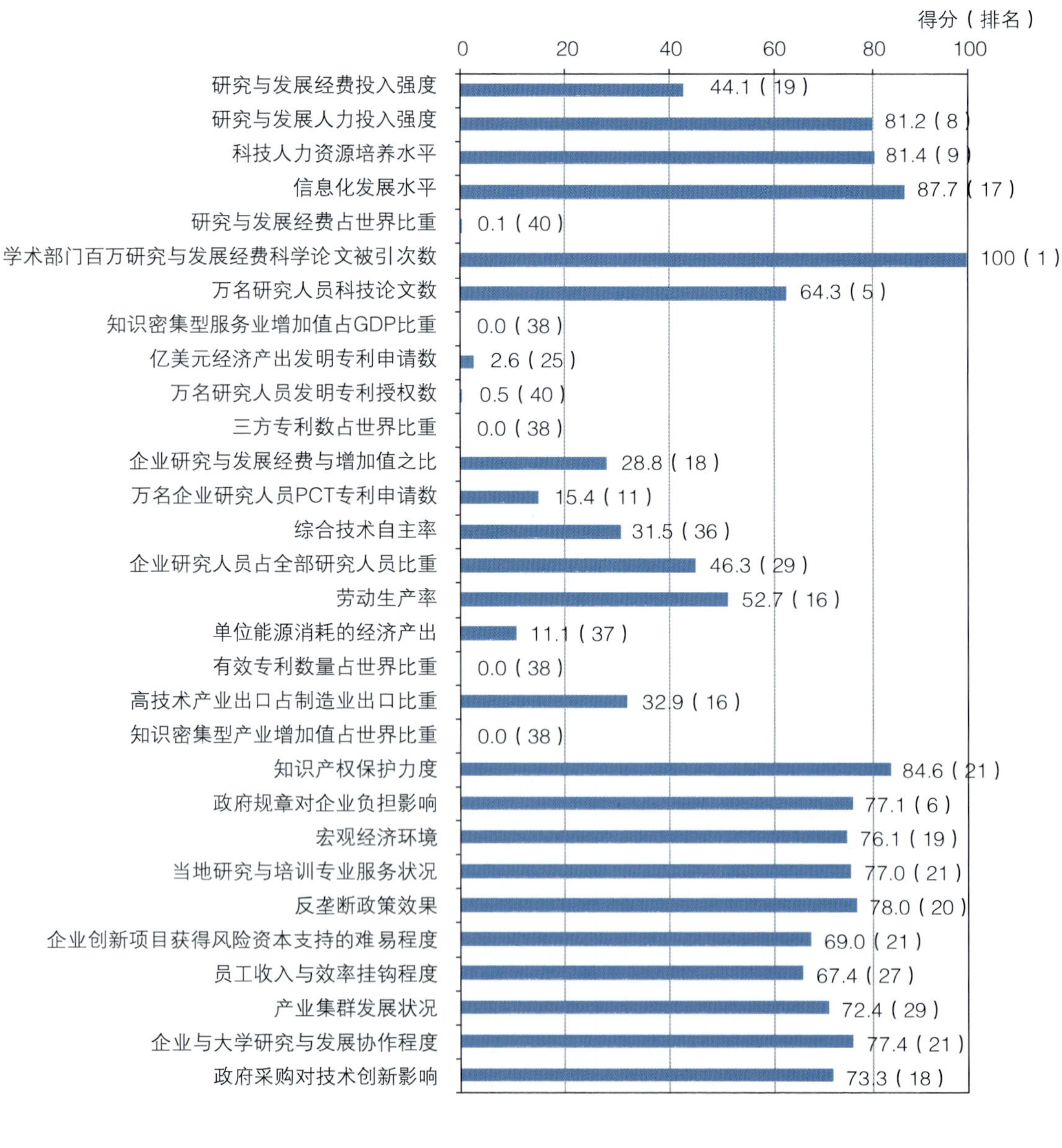

印度

亚洲国家。2014年人口12.95万人，国土面积约298万平方公里，GDP总量20485.2亿美元，人均GDP 1582美元，为中低收入国家。单位能耗产出2.33美元/千克标准油；R&D经费投入167.3亿美元；R&D经费投入强度为0.82%；SCI收录论文59735篇；PCT专利申请数1428件；高技术产业出口占制造业出口比重为8.1%。

印度国家创新指数综合排名第38位，比上年上升1位。5个一级指标中，创新资源排名第38位，与上年持平；知识创造排名第33位，比上年上升2位；企业创新排名第39位，比上年下降3位；创新绩效排名第40位，比上年下降1位；创新环境排名第25位，比上年下降1位。

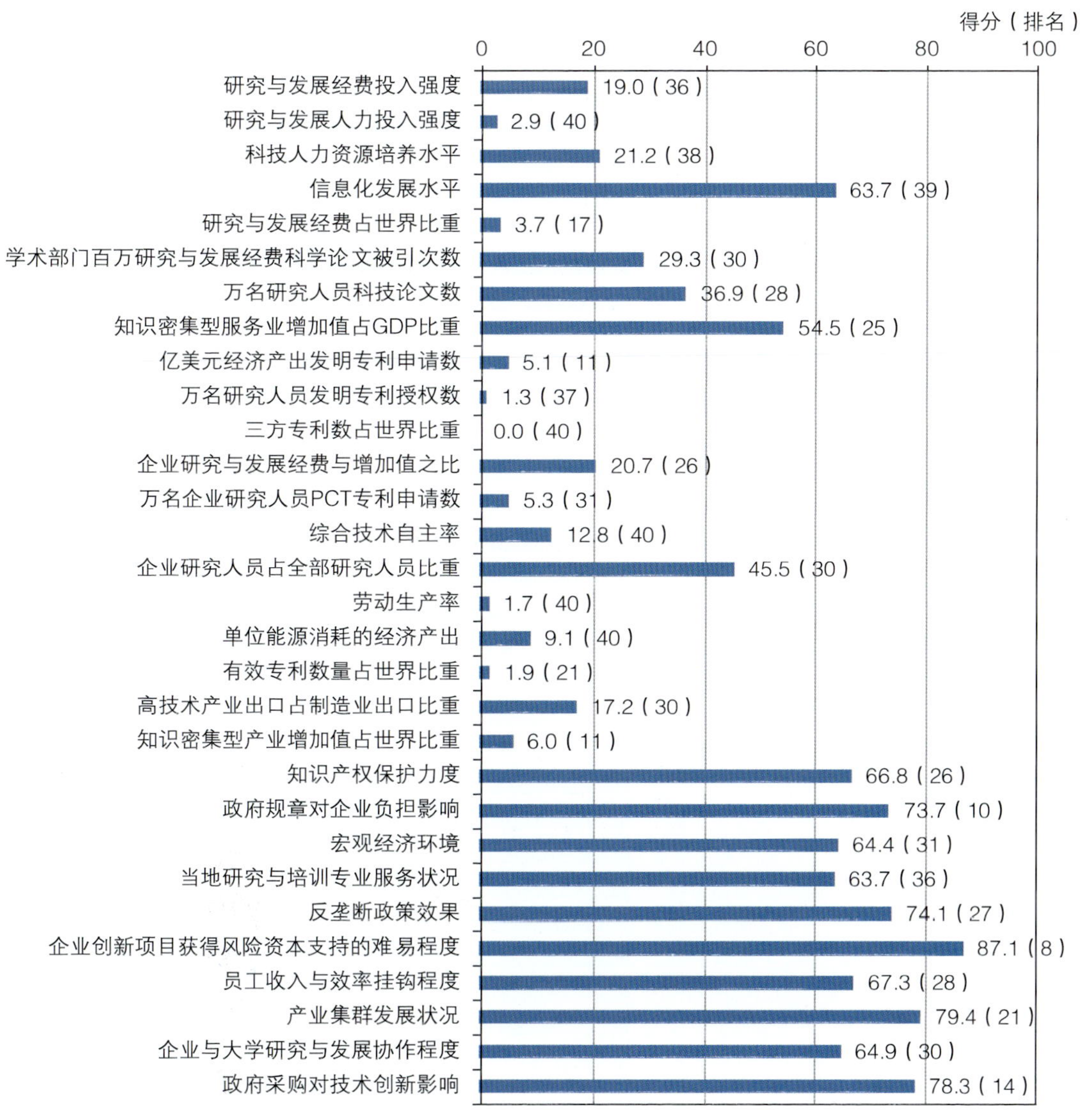

爱尔兰

欧洲国家。2014年人口461.5万人，国土面积约7万平方公里，GDP总量2508.1亿美元，人均GDP 54374美元，为高收入国家。单位能耗产出17.79美元/千克标准油；R&D经费投入38.1亿美元；R&D经费投入强度为1.52%；SCI收录论文8387篇；PCT专利申请数438件；高技术产业出口占制造业出口比重为22.4%。

爱尔兰国家创新指数综合排名第17位，比上年下降3位。5个一级指标中，创新资源排名第33位，比上年下降10位；知识创造排名第5位，与上年持平；企业创新排名第21位，比上年上升2位；创新绩效排名第6位，比上年上升1位；创新环境排名第14位，比上年上升2位。

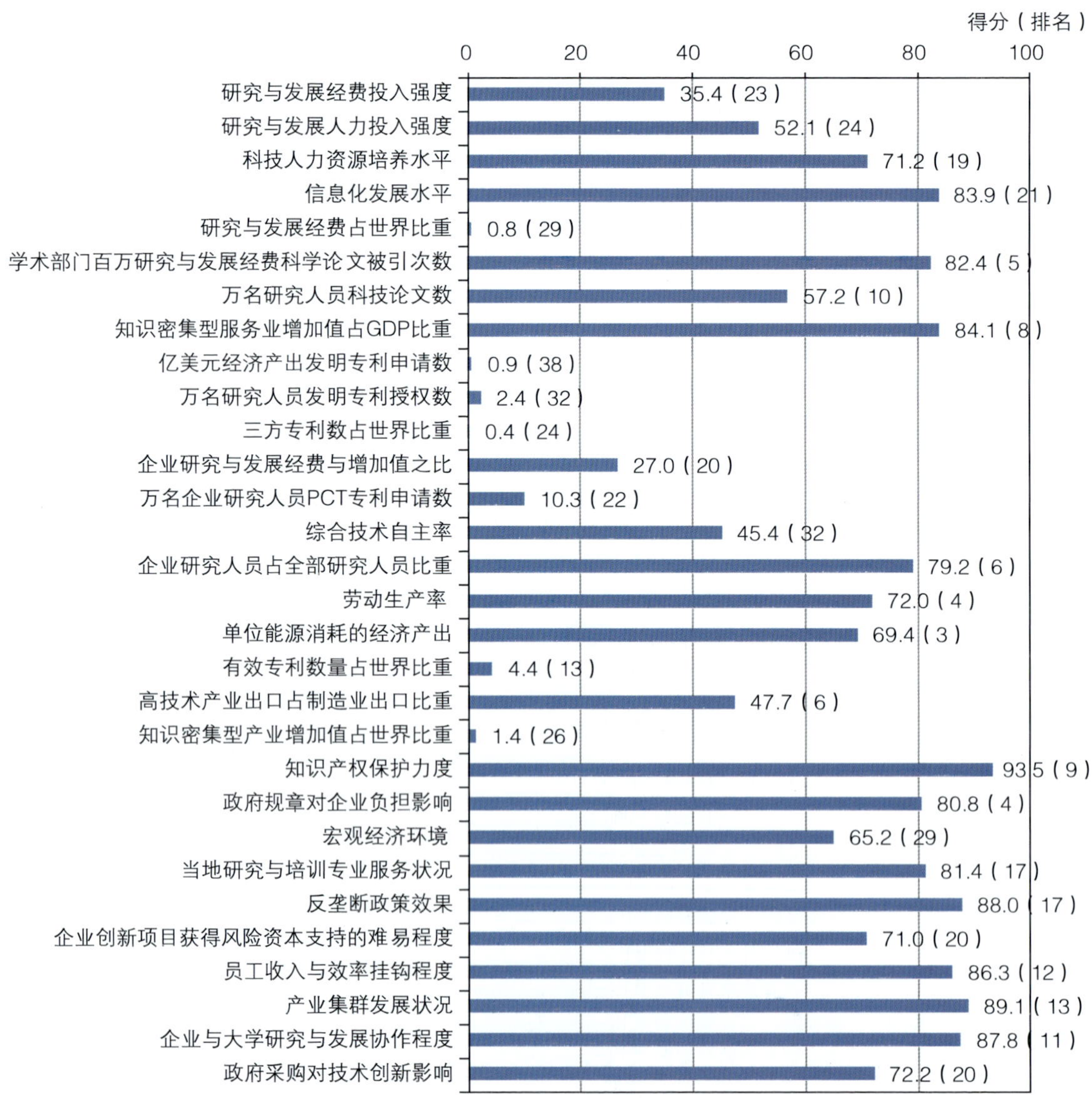

以色列

亚洲国家。2014年人口821.2万人，国土面积约2.6万平方公里，GDP总量3056.7亿美元，人均GDP 37208美元，为高收入国家。单位能耗产出11.78美元/千克标准油；R&D经费投入125.6亿美元；R&D经费投入强度为4.11%；SCI收录论文14414篇；PCT专利申请数1581件；高技术产业出口占制造业出口比重为15.6%。

以色列国家创新指数综合排名第14位，比上年下降9位。5个一级指标中，创新资源排名第4位，与上年持平；知识创造排名第35位，比上年下降12位；企业创新排名第4位，与上年持平；创新绩效排名第21位，比上年下降3位；创新环境排名第15位，比上年上升6位。

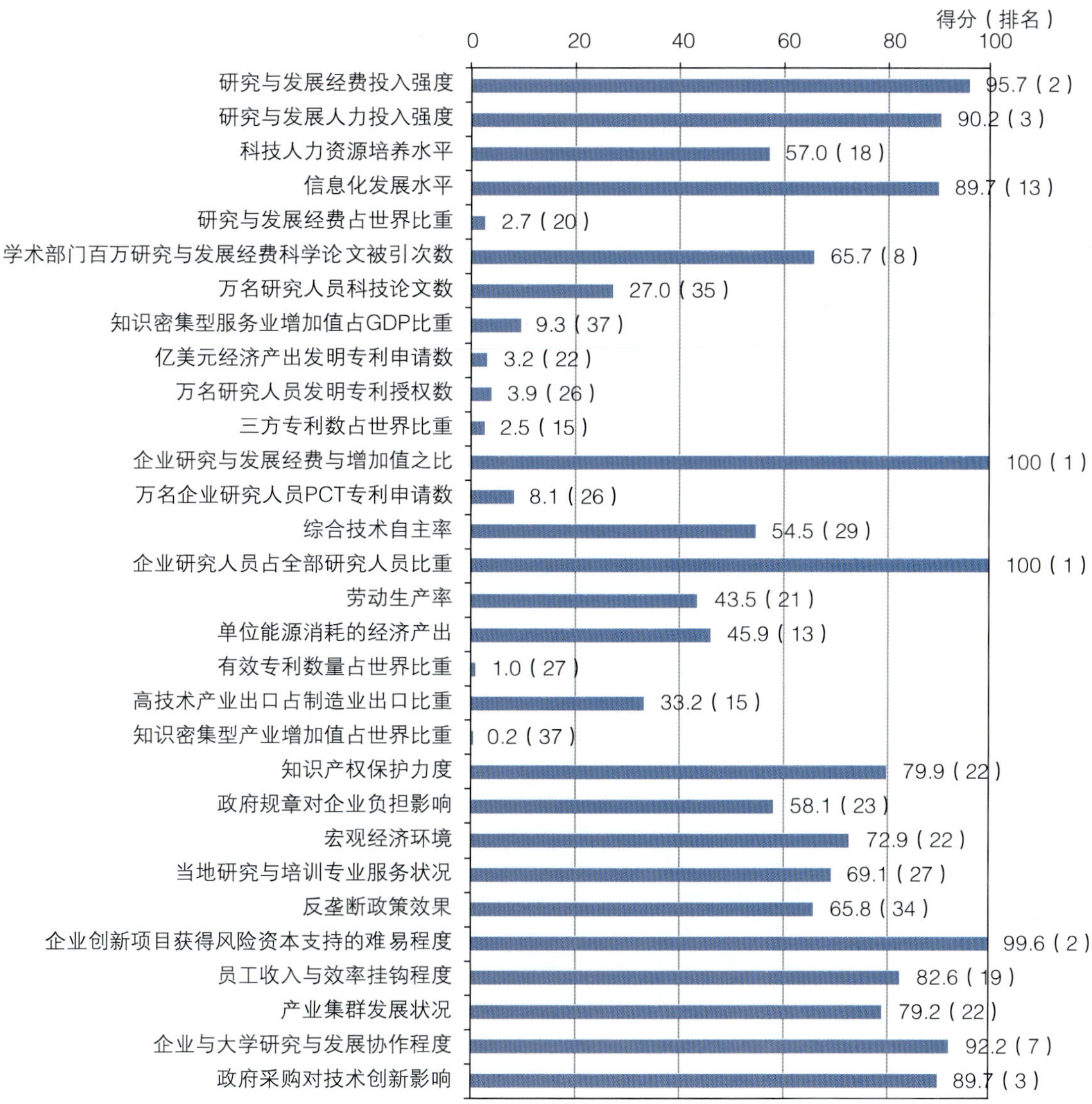

意大利

欧洲国家。2014年人口6079.5万人，国土面积约30.1万平方公里，GDP总量21411.6亿美元，人均GDP 34909美元，为高收入国家。单位能耗产出13.83美元/千克标准油；R&D经费投入275.6亿美元；R&D经费投入强度为1.29%；SCI收录论文67014篇；PCT专利申请数3058件；高技术产业出口占制造业出口比重为7.3%。

意大利国家创新指数综合排名第24位，比上年上升1位。5个一级指标中，创新资源排名第29位，比上年上升1位；知识创造排名第35位，比上年上升1位；企业创新排名第18位，比上年下降1位；创新绩效排名第18位，比上年上升1位；创新环境排名第37位，比上年下降2位。

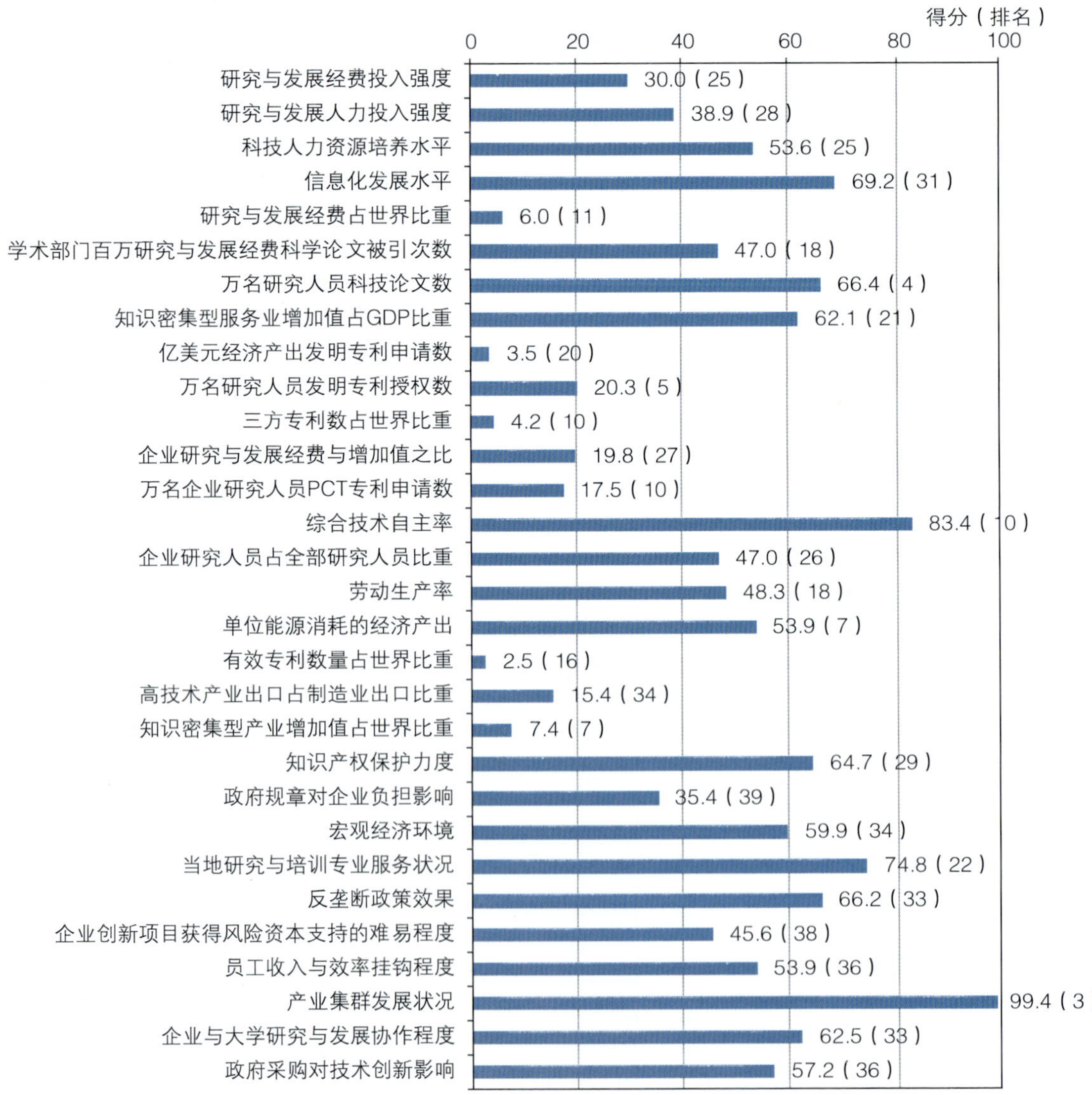

日本

亚洲国家。2014年人口约1.27亿，国土面积约37.8万平方公里，GDP总量46014.61亿美元，人均GDP 36194美元，为高收入国家。单位能耗产出10.85美元/千克标准油；R&D经费投入1649.3亿美元，位列世界第3位；R&D经费投入强度为3.58%；SCI收录论文7.99万篇；PCT专利申请数4.24万件；高技术产业出口占制造业出口比重为16.8%。

日本国家创新指数综合排名第2位，与上年持平。5个一级指标中，创新资源排名第6位，与上年持平；知识创造排名第3位，与上年持平；企业创新排名第1位，与上年持平；创新绩效排名第3位，比上年下降1位；创新环境排名第11位，比上年上升3位。

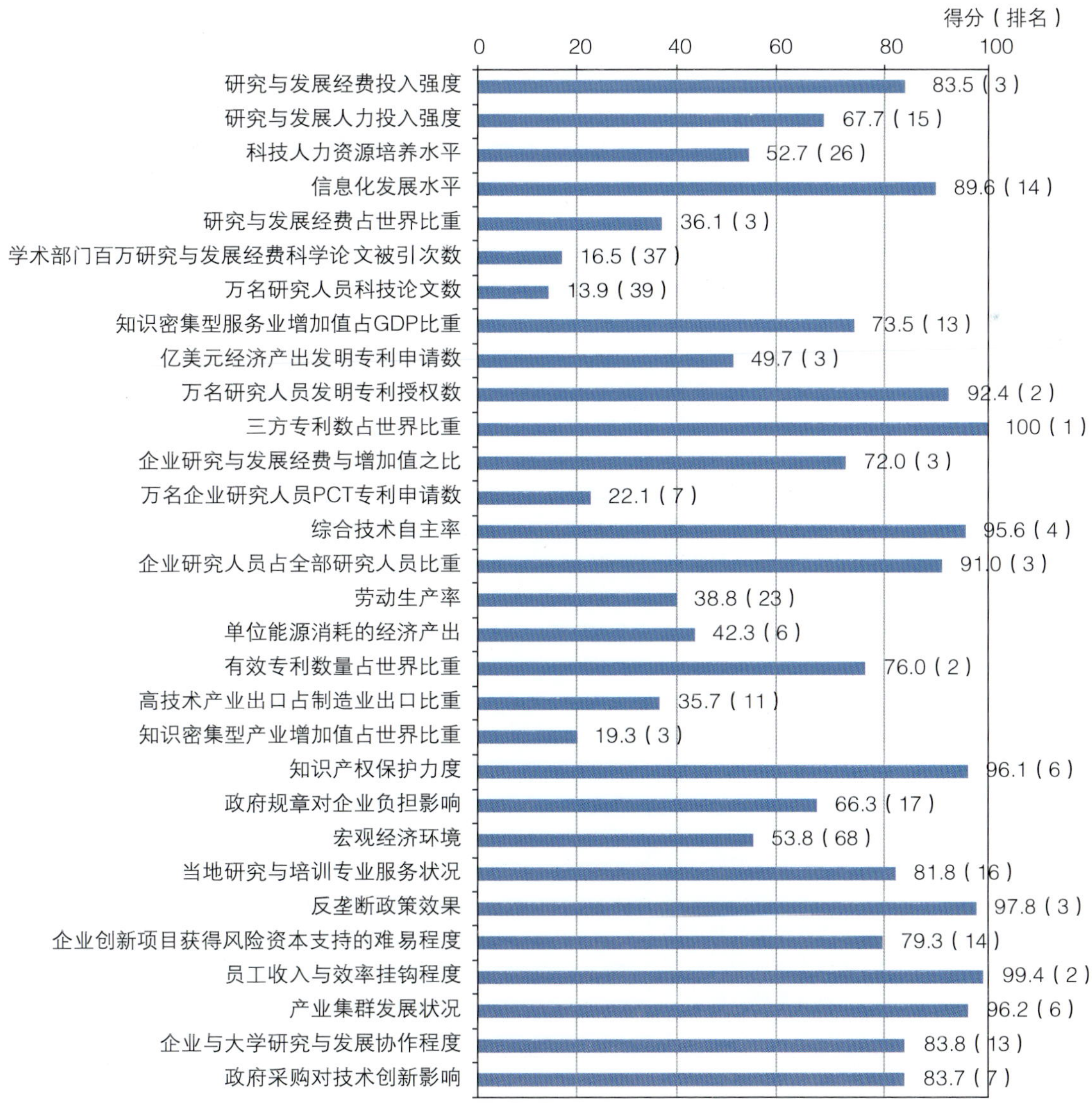

韩国

亚洲国家。2014年人口5042.4万人，国土面积约10.0万平方公里，GDP总量14103.83亿美元，人均GDP 27970美元，为高收入国家。单位能耗产出4.98美元/千克标准油；R&D经费投入605.3亿美元；R&D经费投入强度为4.29%；SCI收录论文5.55万篇；PCT专利申请数1.31万件；高技术产业出口占制造业出口比重为27.1%。

韩国国家创新指数综合排名第4位，与上年持平。5个一级指标中，创新资源排名第2位，与上年持平；知识创造排名第1位，与上年持平；企业创新排名第3位，与上年持平；创新绩效排名第15位，比上年下降2位；创新环境排名第22位，与上年持平。

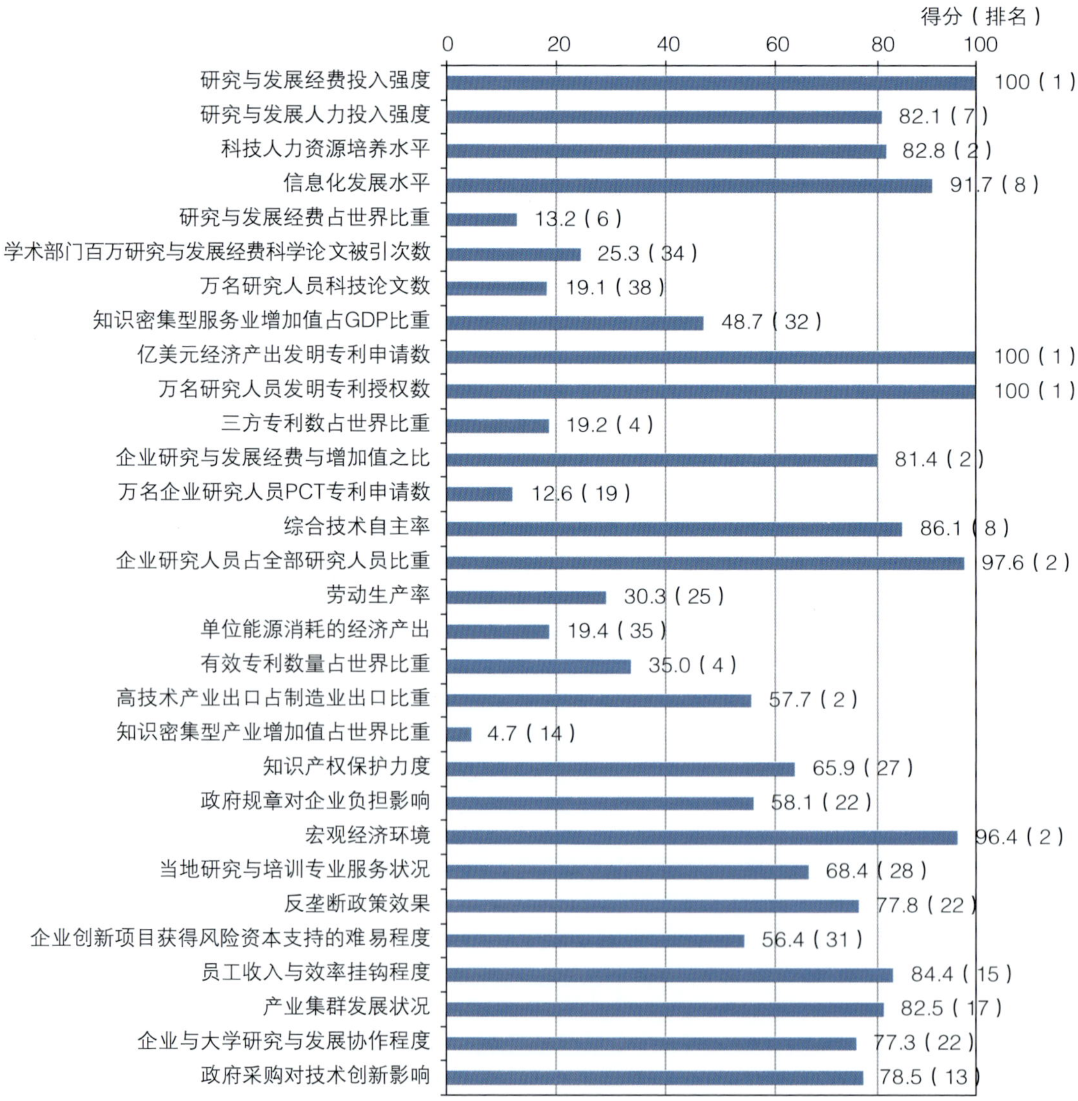

卢森堡

欧洲国家。2014年人口55.8万人，国土面积约2586.4平方公里，GDP总量648.74亿美元，人均GDP 116664美元，为高收入国家。单位能耗产出15.52美元/千克标准油；R&D经费投入8.15亿美元；R&D经费投入强度为1.26%；SCI收录论文1170篇；PCT专利申请数390件；高技术产业出口占制造业出口比重为8.1%。

卢森堡国家创新指数综合排名第22位，比上年下降2位。5个一级指标中，创新资源排名第22位，比上年上升4位；知识创造排名第40位，与上年持平；企业创新排名第14位，与上年持平；创新绩效排名第13位，比上年下降7位；创新环境排名第3位，比上年上升1位。

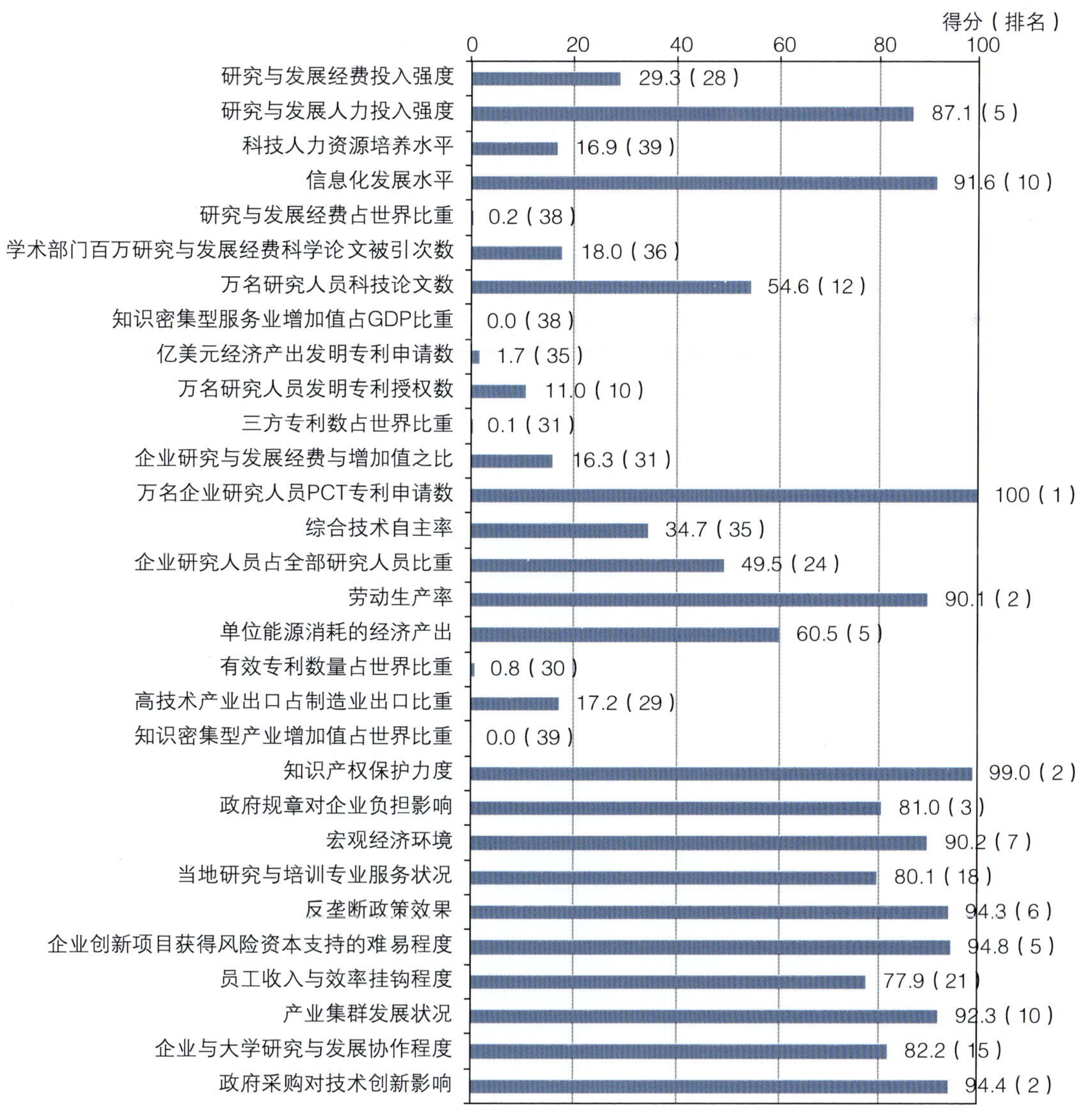

墨西哥

北美洲国家。2014年人口1.2亿，国土面积约197.3万平方公里，GDP总量12946.9亿美元，人均10326美元，为中高收入国家。单位能耗产出6.90美元/千克标准油；R&D经费投入69.7亿美元；R&D经费投入强度为0.54%；SCI收录论文13022篇；PCT专利申请数284件；高技术产业出口占制造业出口比重为15.9%。

墨西哥国家创新指数综合排名第37位，与上年持平。5个一级指标中，创新资源排名第39位，与上年持平；知识创造排名第37位，比上年下降1位；企业创新排名第35位，与上年持平；创新绩效排名第27位，比上年上升1位；创新环境排名第30位，与上年持平。

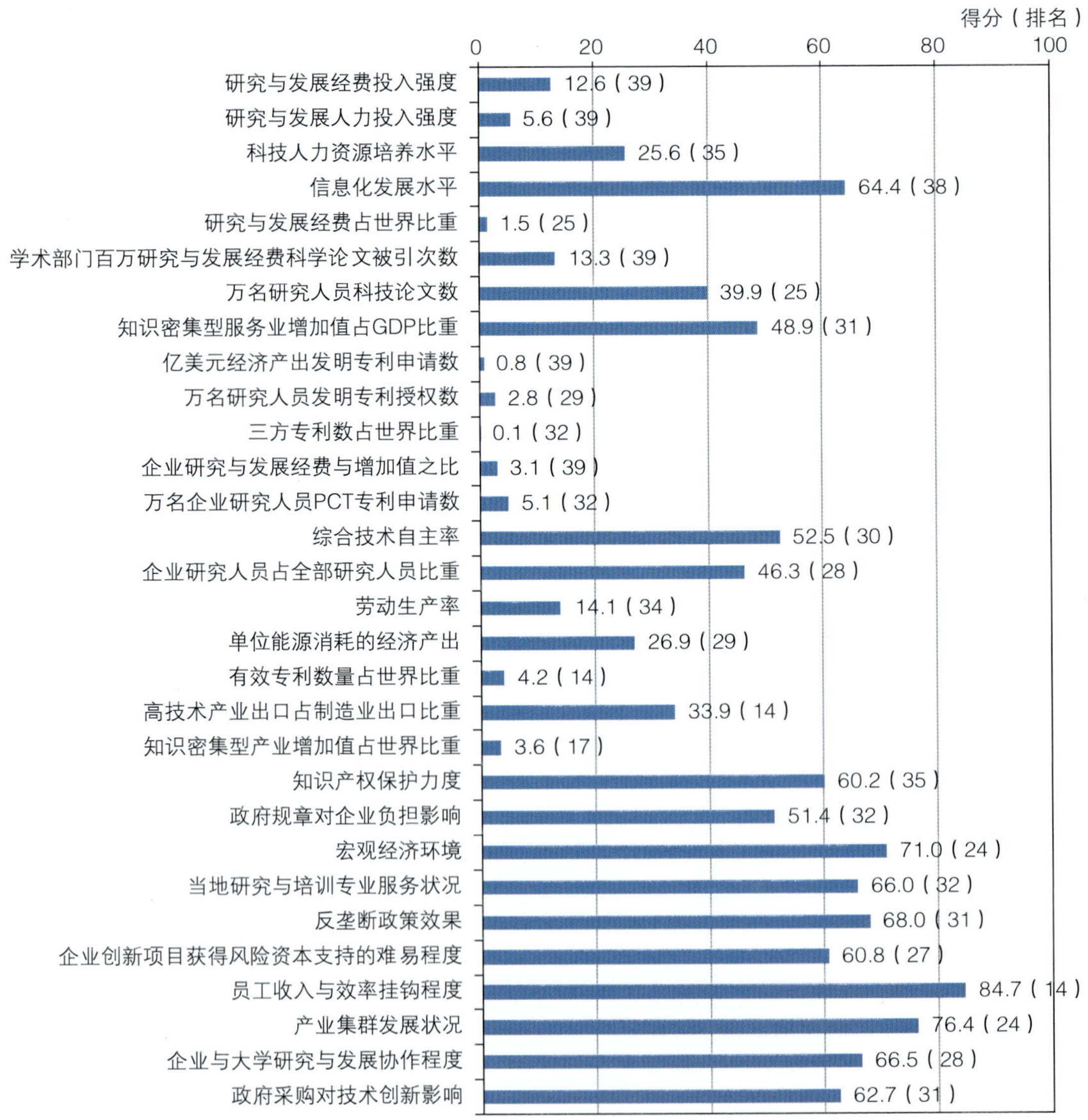

荷兰

欧洲国家。2014年人口1686.4万，国土面积约4.2万平方公里，GDP总量8793.2亿美元，人均52172美元，为高收入国家。单位能耗产出11.19美元/千克标准油；R&D经费投入173.5亿美元；R&D经费投入强度为1.97%；SCI收录论文40606篇；PCT专利申请数4206件；高技术产业出口占制造业出口比重为20.4%。

荷兰国家创新指数综合排名第9位，比上年下降1位。5个一级指标中，创新资源排名第11位，比上年上升2位；知识创造排名第8位，与上年持平；企业创新排名第15位，与上年持平；创新绩效排名第16位，比上年下降1位；创新环境排名第7位，比上年上升2位。

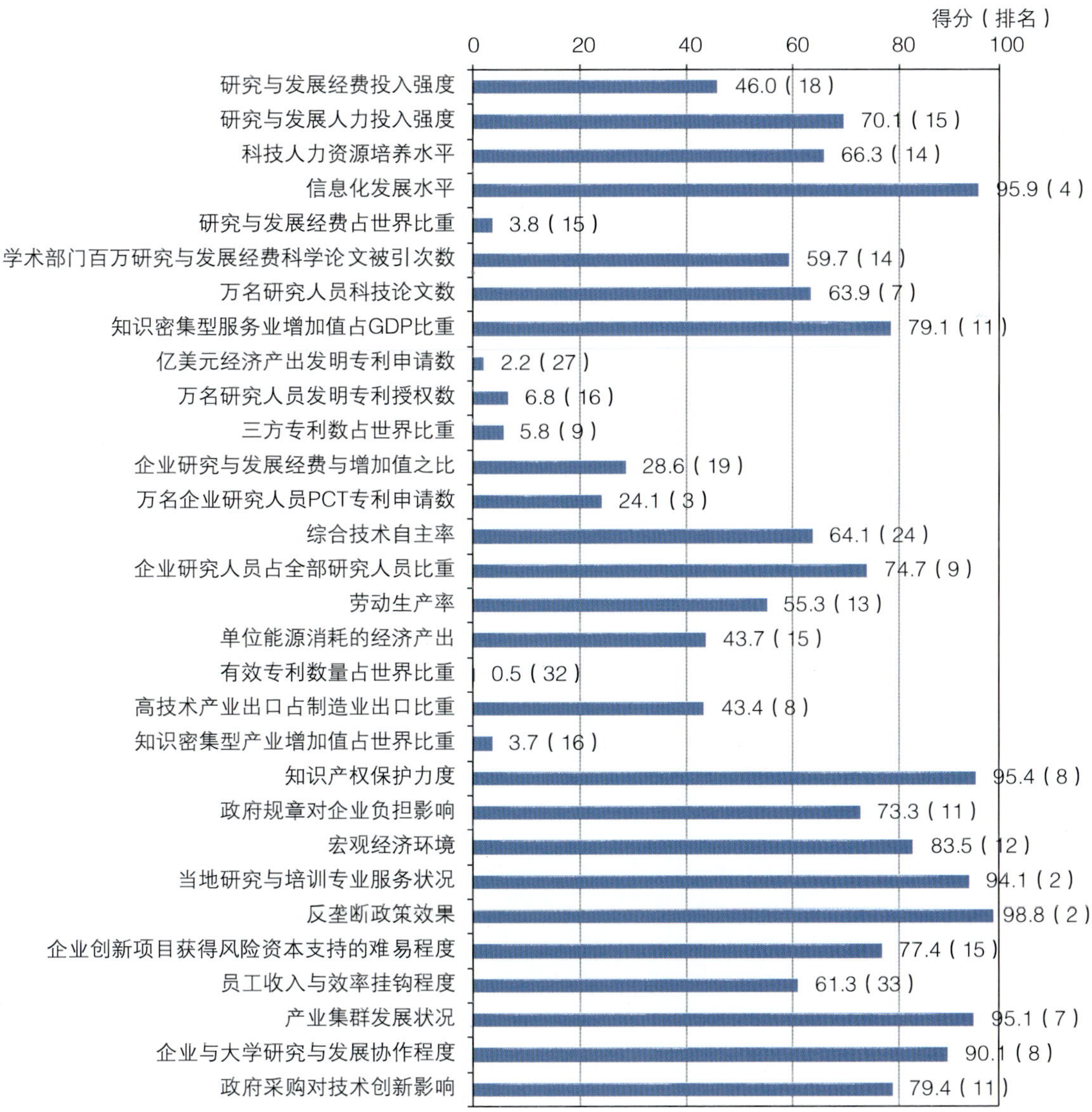

新西兰

大洋洲国家。2014年人口445.8万人，国土面积约26.8万平方公里，GDP总量1999.7亿美元，人均GDP 37897美元，为高收入国家。单位能耗产出9.05美元/千克标准油；R&D经费投入22.0亿美元；R&D经费投入强度为1.17%；SCI收录论文9647篇；PCT专利申请数348件；高技术产业出口占制造业出口比重为10.3%。

新西兰国家创新指数综合排名第21位，与上年持平。5个一级指标中，创新资源排名第20位，比上年上升1位；知识创造排名第4位，与上年持平；企业创新排名第34位，与上年持平；创新绩效排名第24位，与上年持平；创新环境排名第10位，与上年持平。

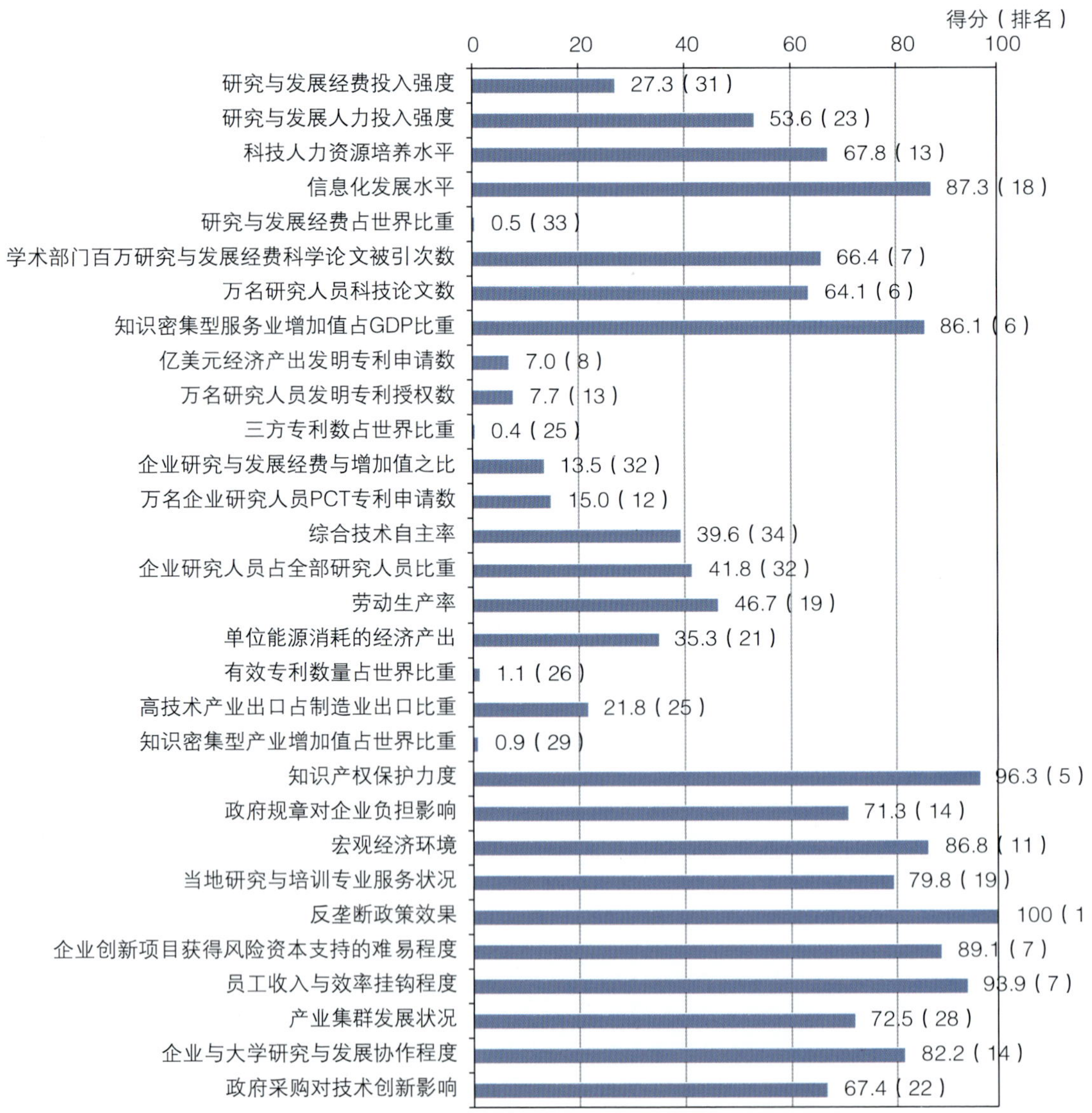

挪威

欧洲国家。2014年人口51.4万人，国土面积约38.5万平方公里，GDP总量4998.2亿美元，人均GDP 97307美元，为高收入国家。单位能耗产出15.85美元/千克标准油；R&D经费投入85.34亿美元；R&D经费投入强度为1.71%；SCI收录论文1.3万篇；PCT专利申请数687件；高技术产业出口占制造业出口比重为19.1%。

挪威国家创新指数综合排名第13位，比上年上升2位。5个一级指标中，创新资源排名第13位，比上年上升3位；知识创造排名第33位，比上年上升1位；企业创新排名第25位，与上年持平；创新绩效排名第4位，与上年持平；创新环境排名第5位，比上年上升1位。

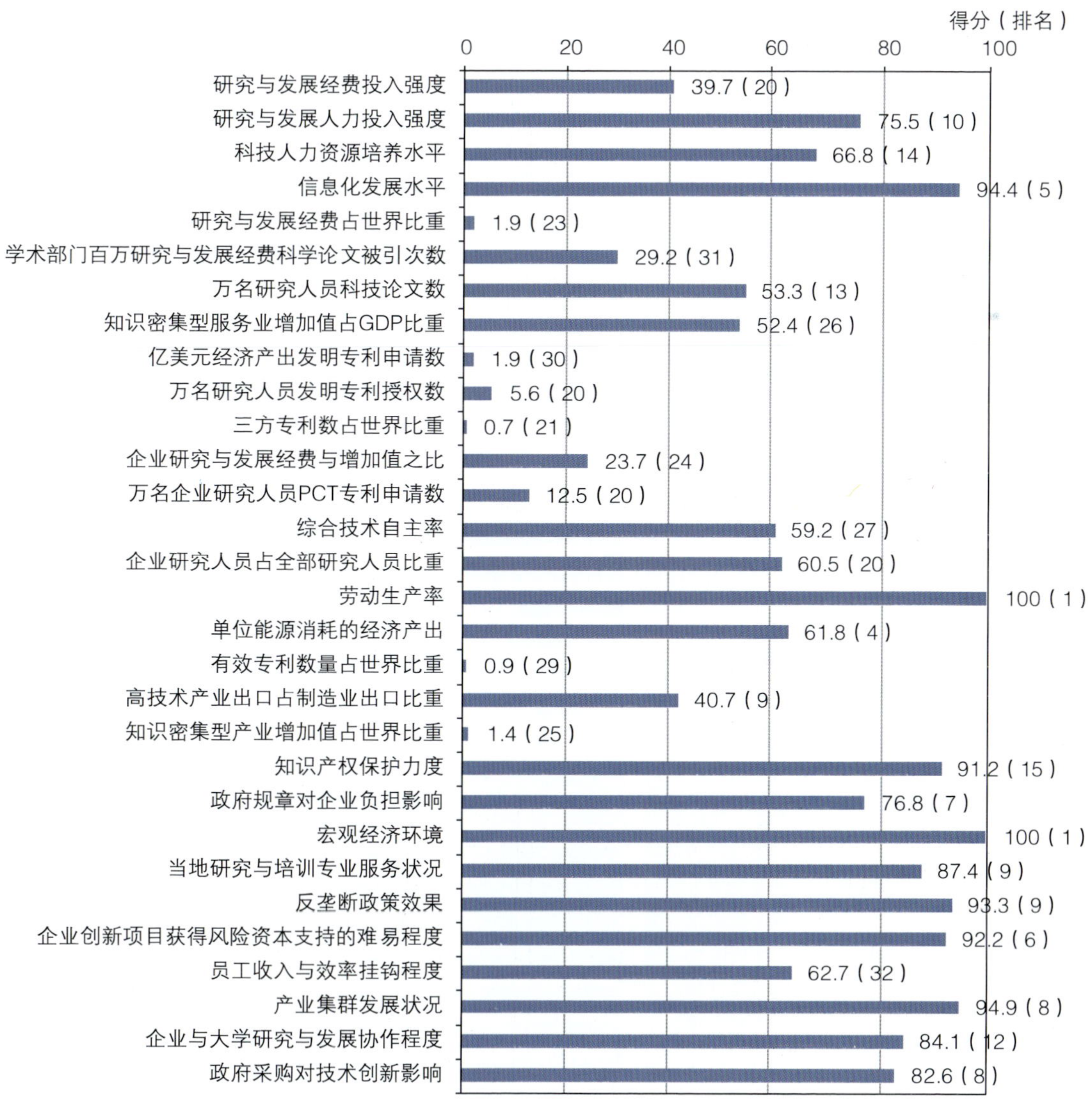

波兰

欧洲国家。2014年人口384.8万人，国土面积约31.3万平方公里，GDP总量5449.7亿美元，人均GDP 14343美元，为高收入国家。单位能耗产出5.40美元/千克标准油；R&D经费投入51.3亿美元；R&D经费投入强度为0.94%；SCI收录论文2.6万篇；PCT专利申请数348件；高技术产业出口占制造业出口比重为7.7%。

波兰国家创新指数综合排名第33位，比上年下降1位。5个一级指标中，创新资源排名第31位，比上年上升1位；知识创造排名第27位，比上年下降2位；企业创新排名第30位，比上年下降2位；创新绩效排名第35位，比上年上升1位；创新环境排名第29位，比上年上升2位。

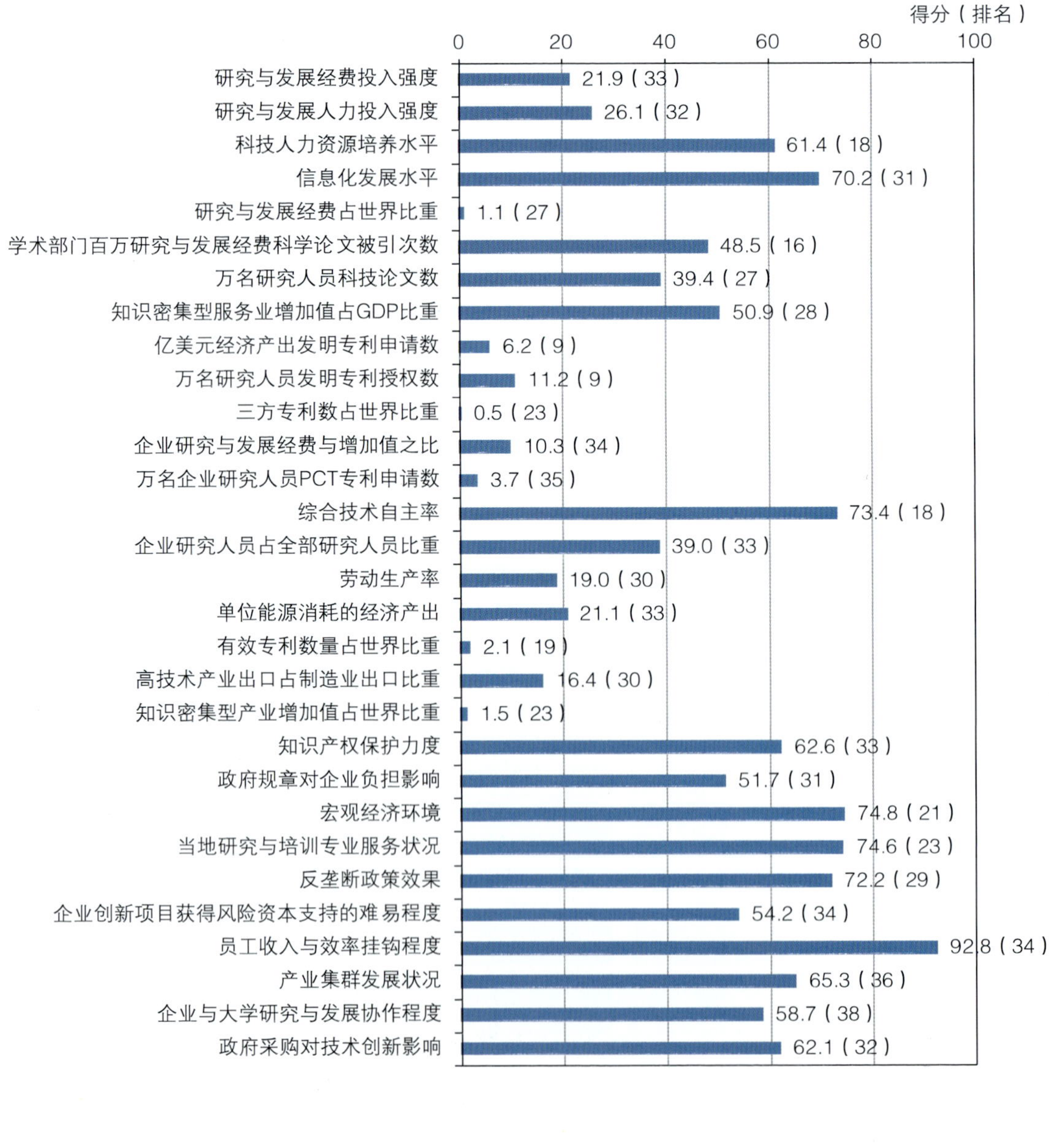

葡萄牙

欧洲国家。2014年人口104万人，国土面积约9.2万平方公里，GDP总量2301.2亿美元，人均GDP 22132美元，为高收入国家。单位能耗产出10.24美元/千克标准油；R&D经费投入29.6亿美元；R&D经费投入强度为0.94%；SCI收录论文1.4万篇；PCT专利申请数159件；高技术产业出口占制造业出口比重为4.3%。

葡萄牙国家创新指数综合排名第28位，与上年持平。5个一级指标中，创新资源排名第28位，比上年下降1位；知识创造排名第20位，比上年上升3位；企业创新排名第27位，比上年下降1位；创新绩效排名第28位，比上年上升3位；创新环境排名第26位，比上年上升3位。

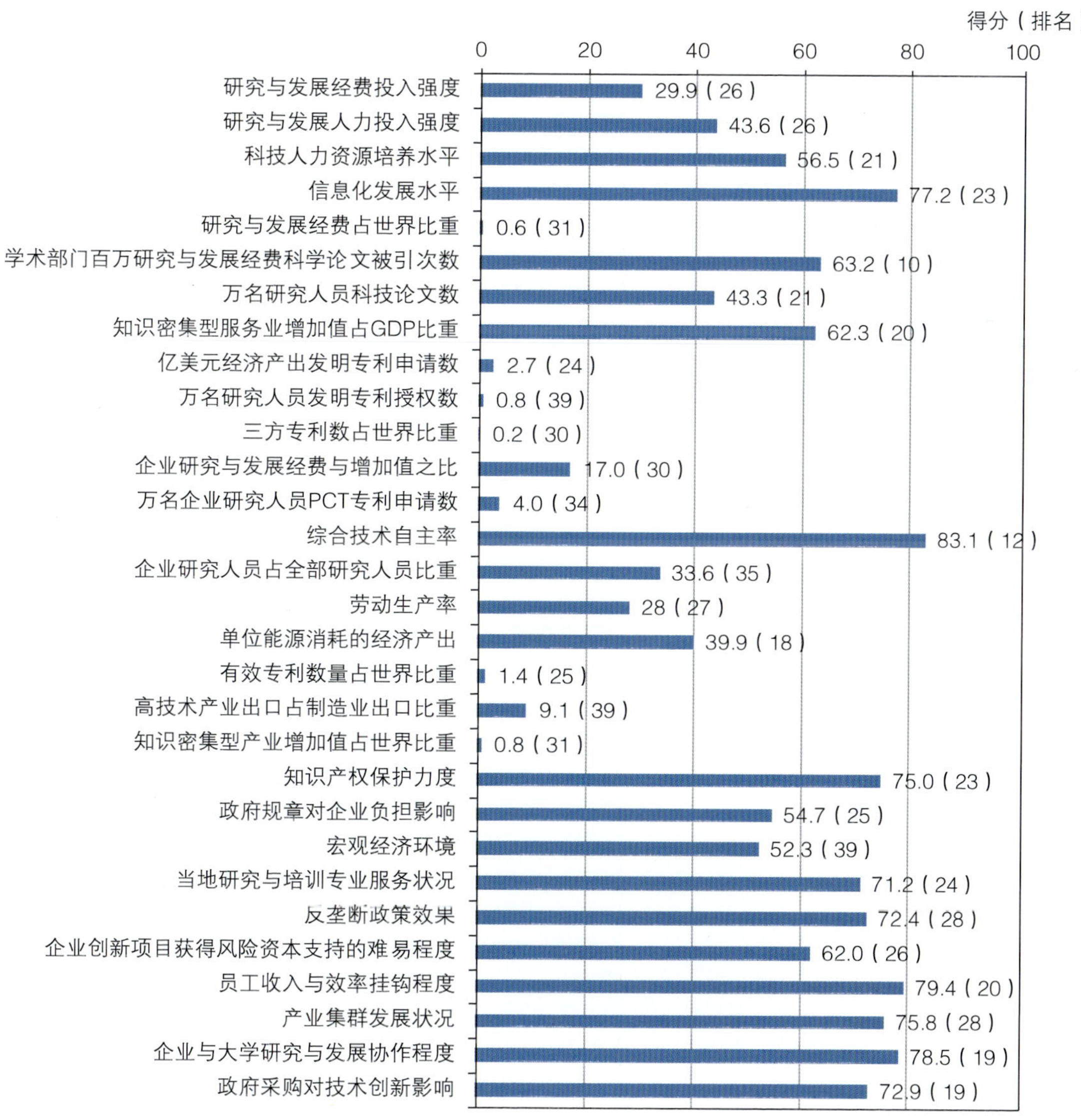

罗马尼亚

欧洲国家。2014年人口199.5万人，国土面积约23.8万平方公里，GDP总量1990.4亿美元，人均GDP 9997美元，为中高收入国家。单位能耗产出5.51美元/千克标准油；R&D经费投入7.6亿美元；R&D经费投入强度为0.38%；SCI收录论文7665篇；PCT专利申请数28件；高技术产业出口占制造业出口比重为5.7%。

罗马尼亚国家创新指数综合排名第34位，与上年持平。5个一级指标中，创新资源排名第37位，比上年下降1位；知识创造排名第17位，比上年上升3位；企业创新排名第26位，比上年上升2位；创新绩效排名第38位，与上年持平；创新环境排名第33位，比上年下降1位。

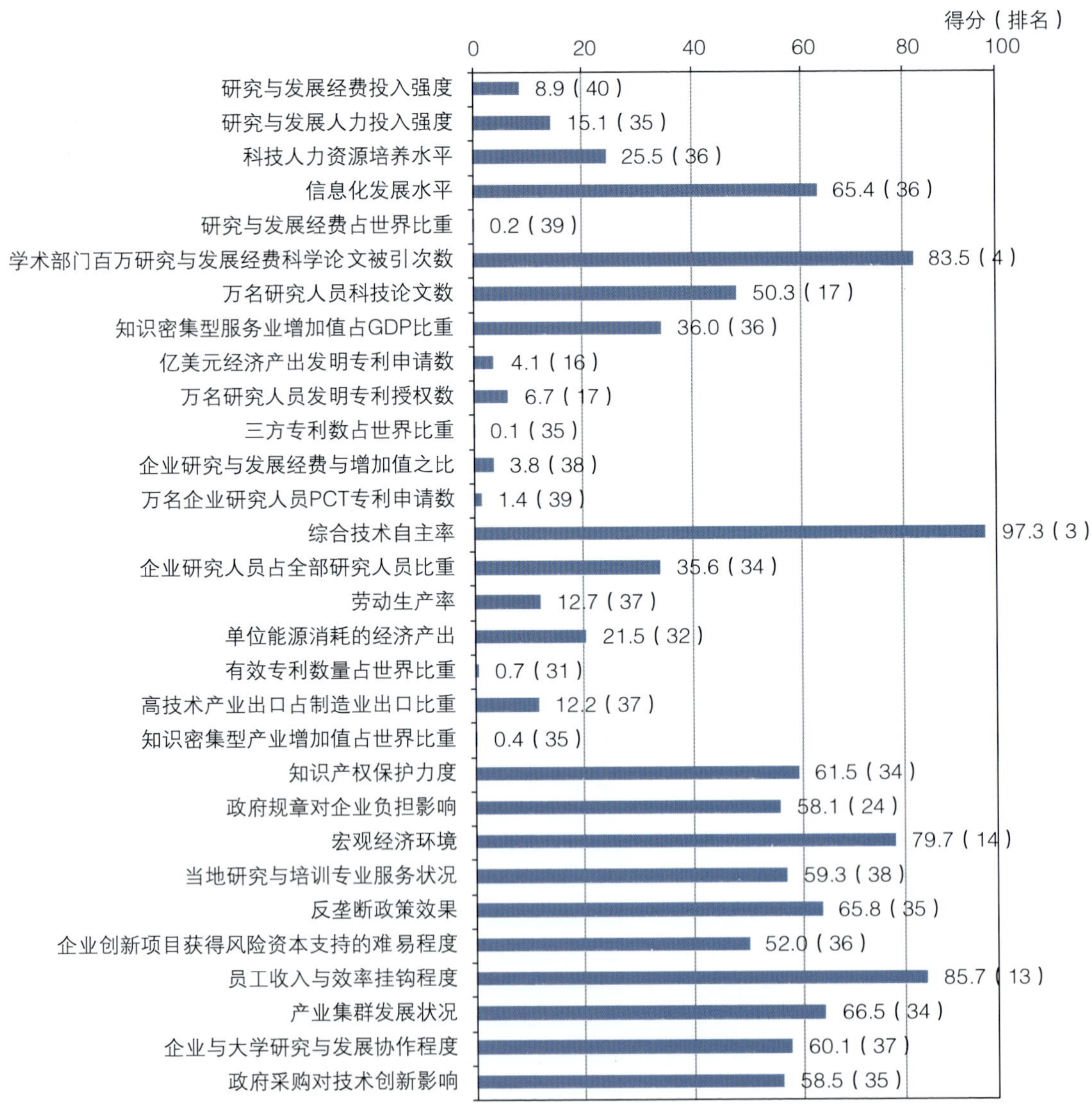

俄罗斯

欧洲国家。2014年人口约1.4亿人，国土面积约1707.55万平方公里，GDP总量1860.6亿美元，人均GDP 12736美元，为高收入国家。单位能耗产出2.74美元/千克标准油；R&D经费投入22.1亿美元；R&D经费投入强度为1.19%；SCI收录论文3.1万篇；PCT专利申请数949件；高技术产业出口占制造业出口比重为10.0%。

俄罗斯国家创新指数综合排名第32位，比上年上升1位。5个一级指标中，创新资源排名第23位，比上年上升2位；知识创造排名第38位，比上年上升1位；企业创新排名第20位，与上年持平；创新绩效排名第36位，比上年下降1位；创新环境排名第31位，比上年上升2位。

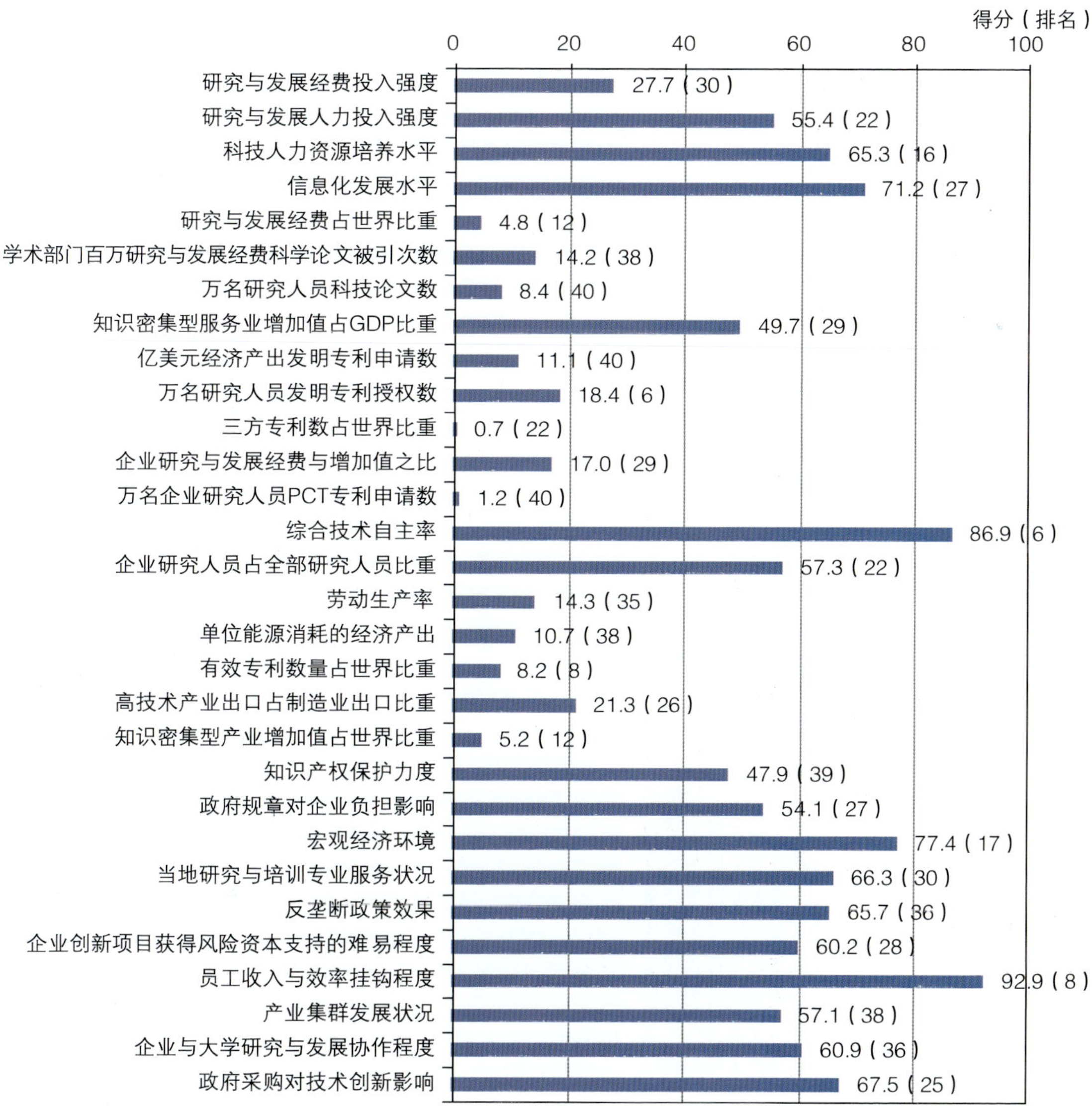

新加坡

亚洲国家。2014年人口547万人，国土面积约714.3平方公里，GDP总量307.9亿美元，人均GDP 56285美元，为高收入国家。单位能耗产出11.87美元/千克标准油；R&D经费投入60.5亿美元；R&D经费投入强度为2.0%；SCI收录论文1.3万篇；PCT专利申请数940件；高技术产业出口占制造业出口比重为47.0%。

新加坡国家创新指数综合排名第10位，比上年上升2位。5个一级指标中，创新资源排名第14位，比上年上升1位；知识创造排名第15位，比上年上升2位；企业创新排名第33位，与上年持平；创新绩效排名第5位，与上年持平；创新环境排名第1位，与上年持平。

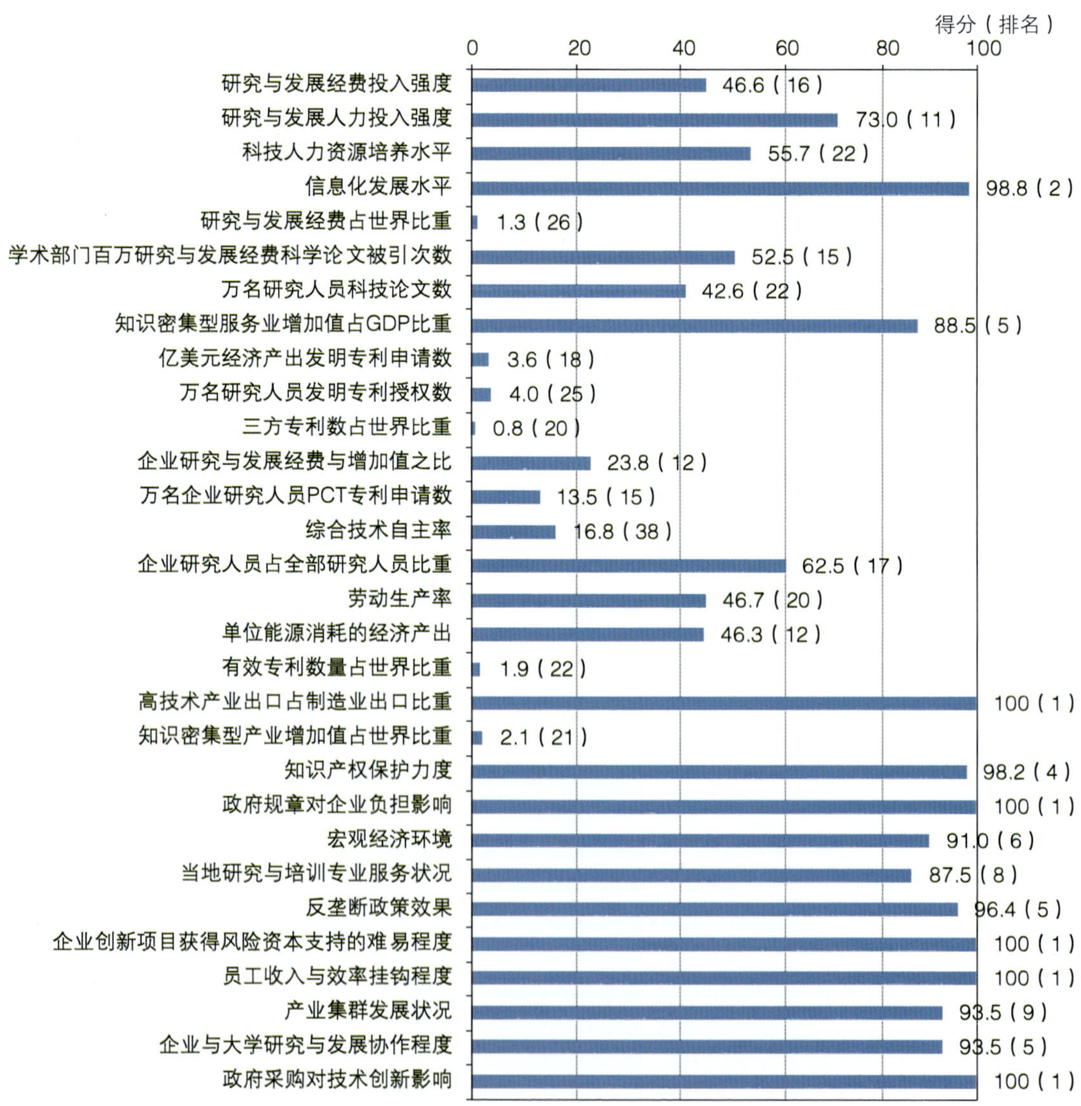

斯洛伐克

欧洲国家。2014年人口541.9万人，国土面积约4.9万平方公里，GDP总量100.2亿美元，人均GDP18501美元，为高收入国家。单位能耗产出5.79美元/千克标准油；R&D经费投入8.9亿美元；R&D经费投入强度为0.89%；SCI收录论文3754篇；PCT专利申请数65件；高技术产业出口占制造业出口比重为10.3%。

斯洛伐克国家创新指数综合排名第35位，与上年持平。5个一级指标中，创新资源排名第34位，与上年持平；知识创造排名第34位，与上年持平；企业创新排名第36位，比上年上升3位；创新绩效排名第33位，与上年持平；创新环境排名第34位，比上年下降6位。

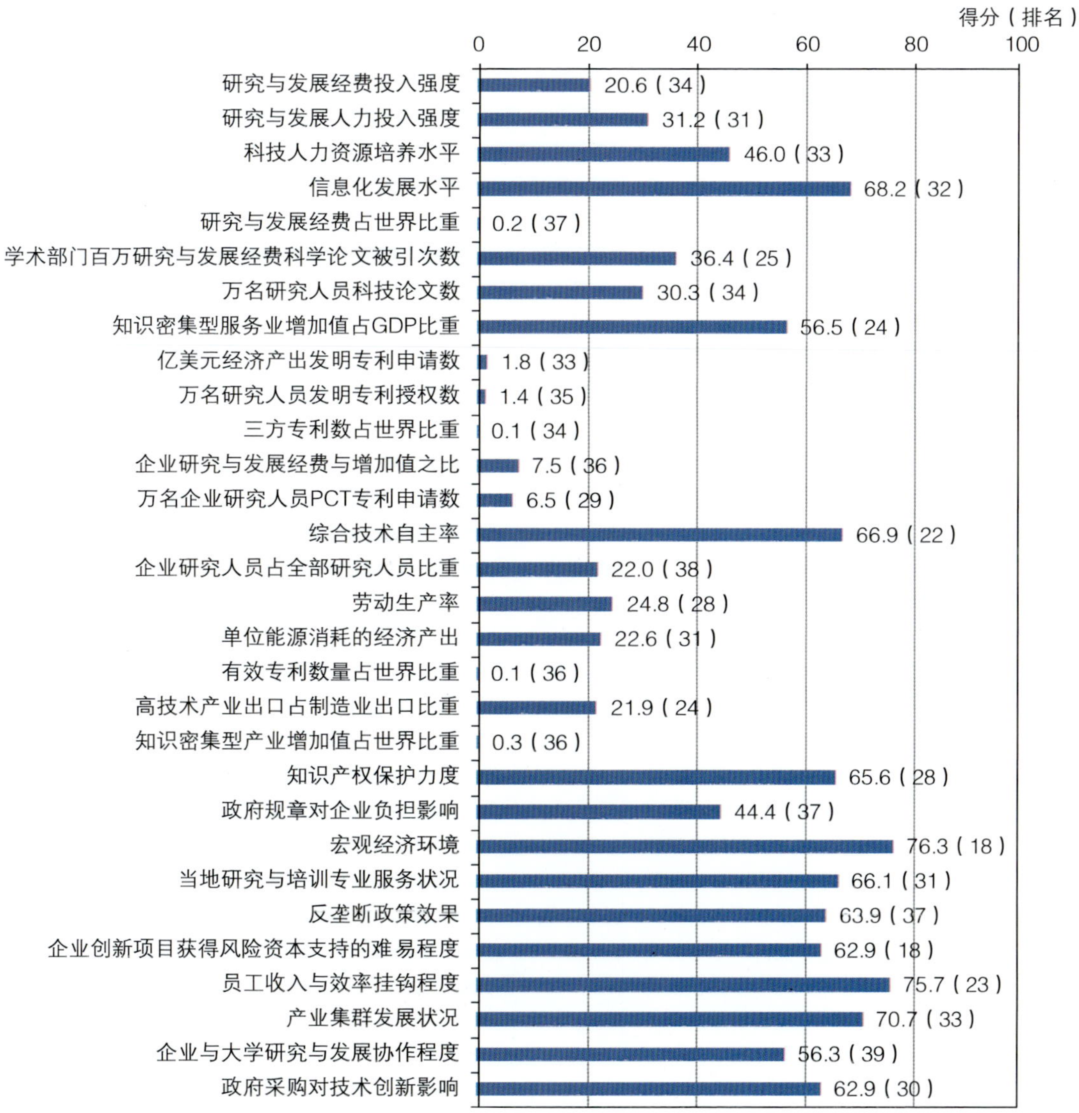

斯洛文尼亚

欧洲国家。2014年人口约206万人，国土面积约2.0万平方公里，GDP总量494.9亿美元，人均GDP 23999美元，为高收入国家。单位能耗产出7.27美元/千克标准油；R&D经费投入11.8亿美元；R&D经费投入强度为2.39%；SCI收录论文4057篇；PCT专利申请数156件；高技术产业出口占制造业出口比重为6.2%。

斯洛文尼亚国家创新指数综合排名第23位，与上年持平。5个一级指标中，创新资源排名第15位，比上年下降3位；知识创造排名第19位，比上年下降1位；企业创新排名第13位，比上年下降1位；创新绩效排名第32位，与上年持平；创新环境排名第36位，比上年上升2位。

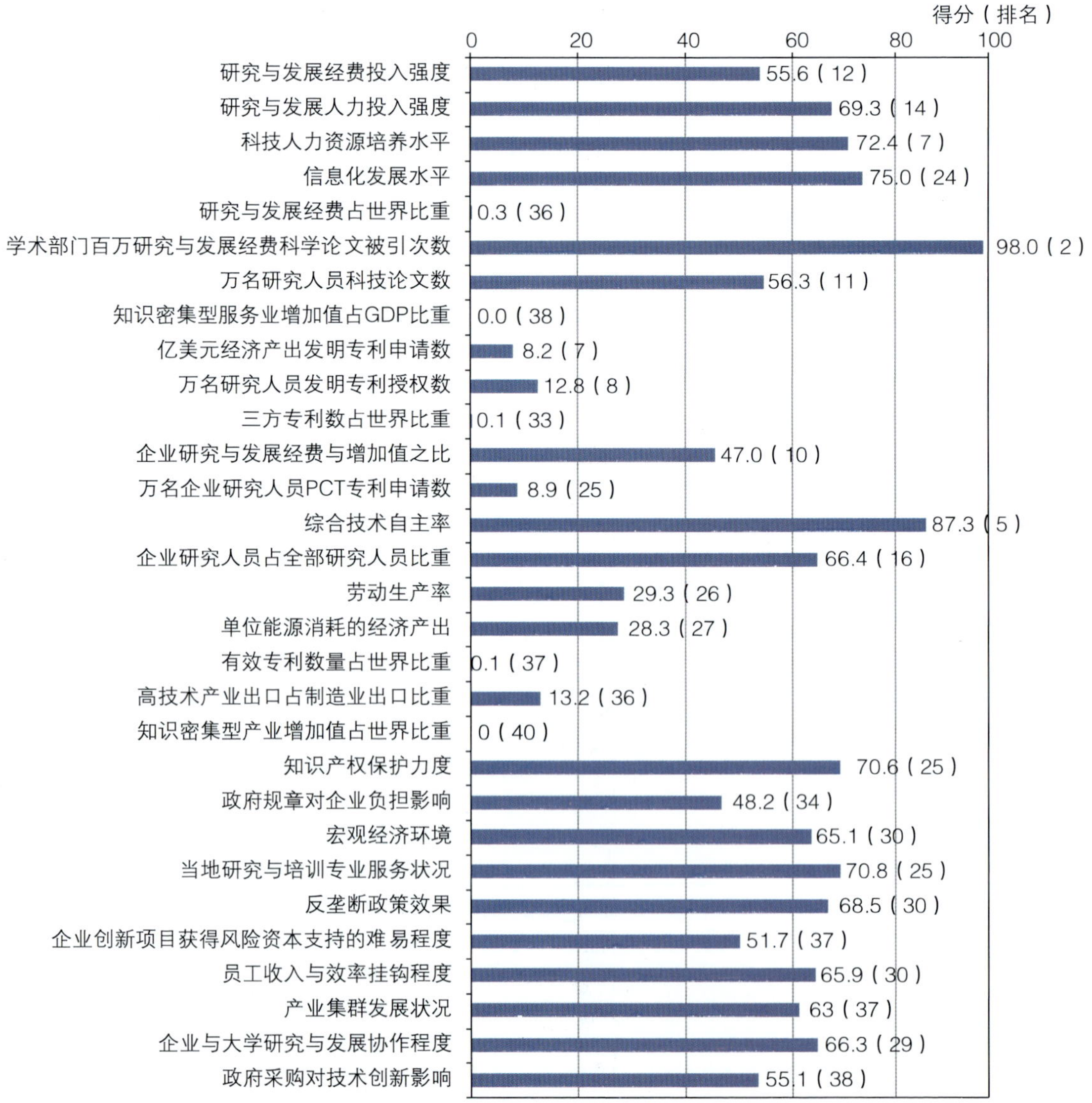

南非

非洲国家。2014年人口约540.6万人，国土面积约122.1万平方公里，GDP总量3500.9亿美元，人均GDP 6438美元，为中高收入国家。单位能耗产出2.58美元/千克标准油；R&D经费投入29.1亿美元；R&D经费投入强度为0.73%；SCI收录论文1.26万篇；PCT专利申请数313件；高技术产业出口占制造业出口比重为5.5%。

南非国家创新指数综合排名第36位，与上年持平。5个一级指标中，创新资源排名第40位，与上年持平；知识创造排名第16位，比上年下降1位；企业创新排名第37位，与上年持平；创新绩效排名第39位，比上年上升1位；创新环境排名第27位，比上年下降2位。

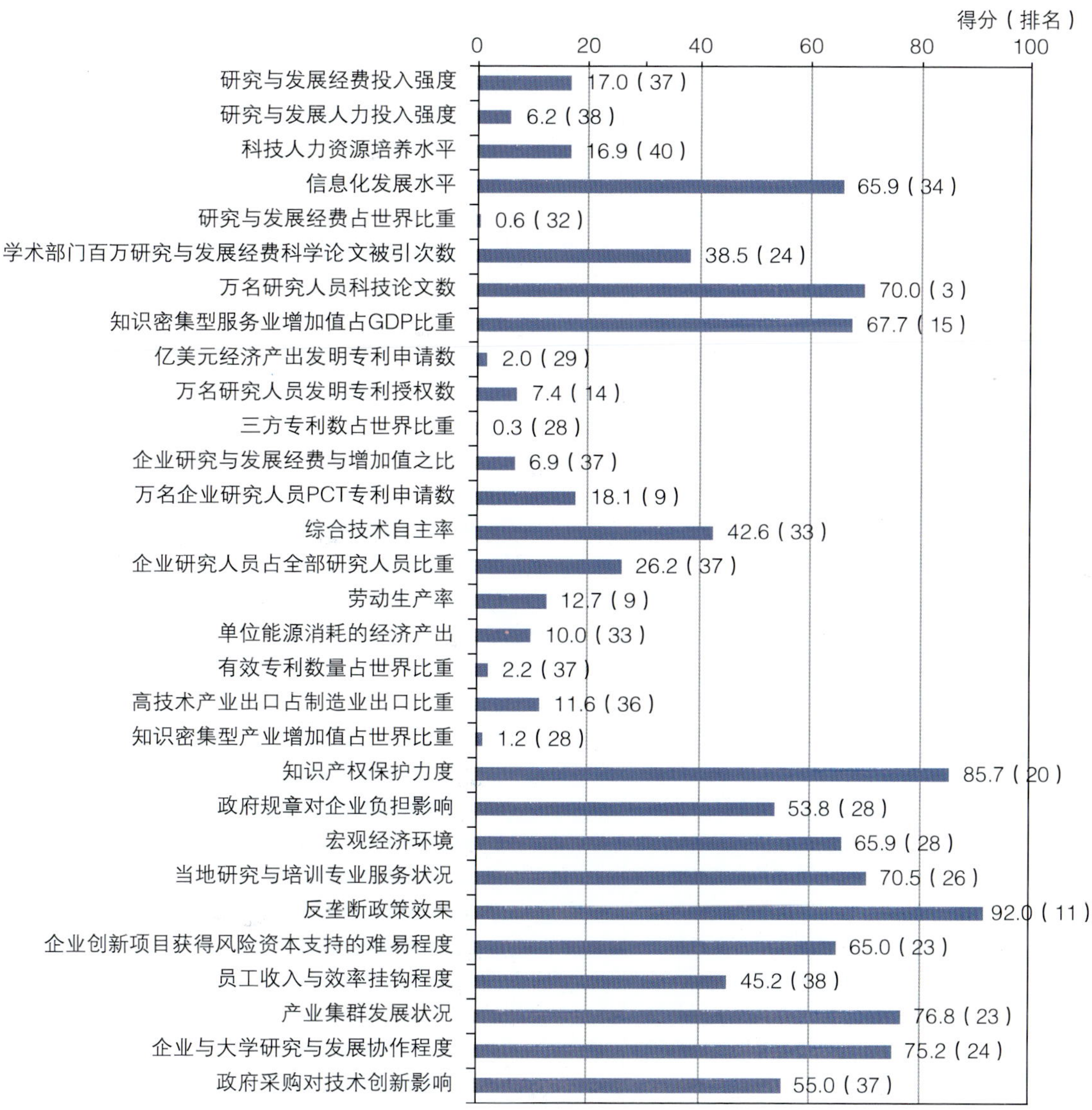

西班牙

欧洲国家。2014年人口4646.4万人，国土面积约50.6万平方公里，GDP总量1381.3亿美元，人均GDP 29767美元，为高收入国家。单位能耗产出11.75美元/千克标准油；R&D经费投入168.8亿美元；R&D经费投入强度为1.22%；SCI收录论文5.9万篇；PCT专利申请数1705件；高技术产业出口占制造业出口比重为7.7%。

西班牙国家创新指数综合排名第25位，比上年上升1位。5个一级指标中，创新资源排名第25位，比上年下降1位；知识创造排名第13位，比上年上升1位；企业创新排名第24位，比上年下降2位；创新绩效排名第22位，比上年上升1位；创新环境排名第32位，比上年上升5位。

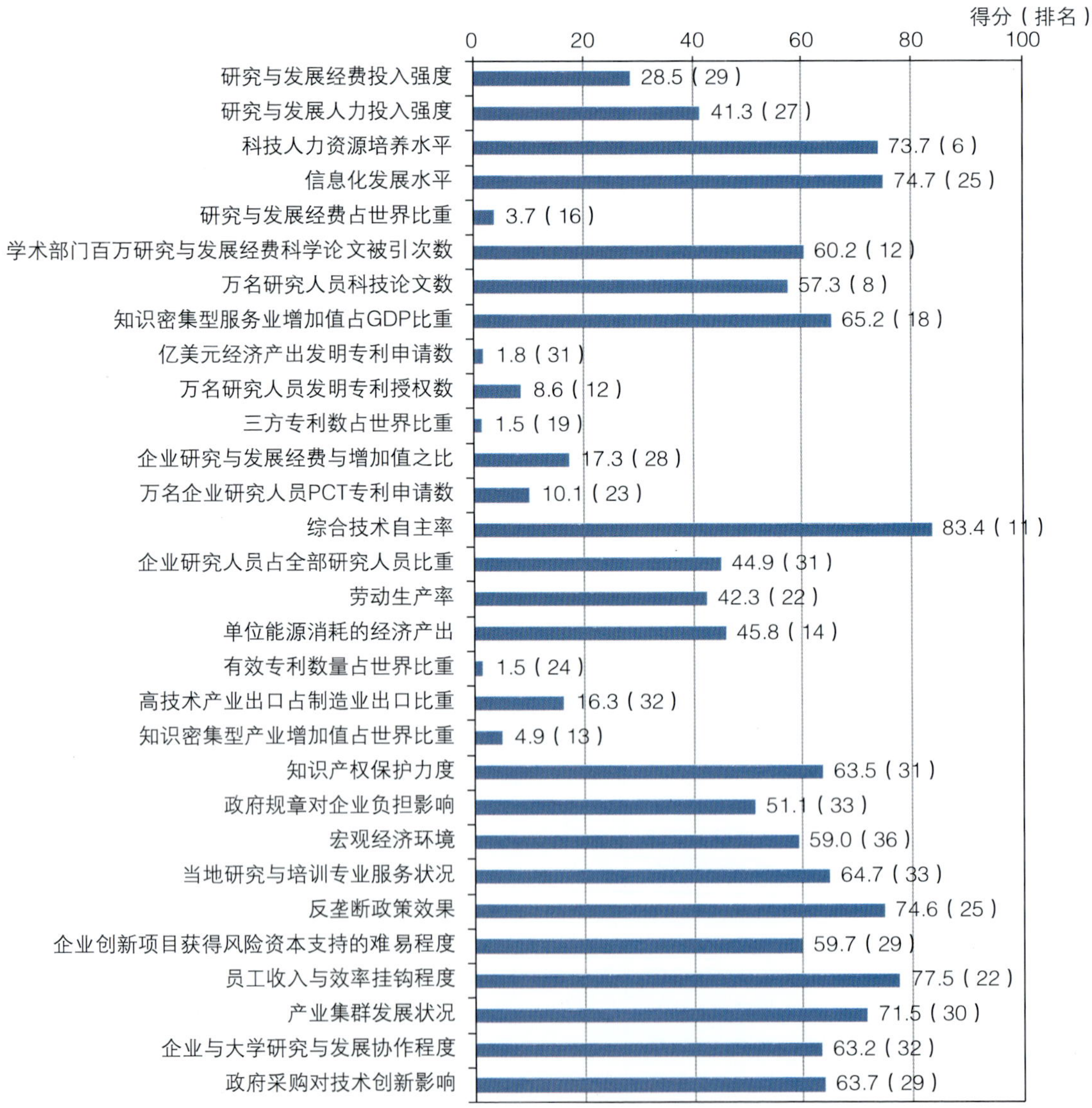

瑞典

欧洲国家。2014年人口约97万人，国土面积约45万平方公里，GDP总量5710.9亿美元，人均GDP 58939美元，为高收入国家。单位能耗产出12.05美元/千克标准油；R&D经费投入180.5亿美元；R&D经费投入强度为3.16%；SCI收录论文2.7万篇；PCT专利申请数3913件；高技术产业出口占制造业出口比重为14.0%。

瑞典国家创新指数综合排名第7位，与上年持平。5个一级指标中，创新资源排名第7位，与上年持平；知识创造排名第23位，比上年上升1位；企业创新排名第7位，比上年下降2位；创新绩效排名第14位，比上年下降2位；创新环境排名第12位，比上年下降1位。

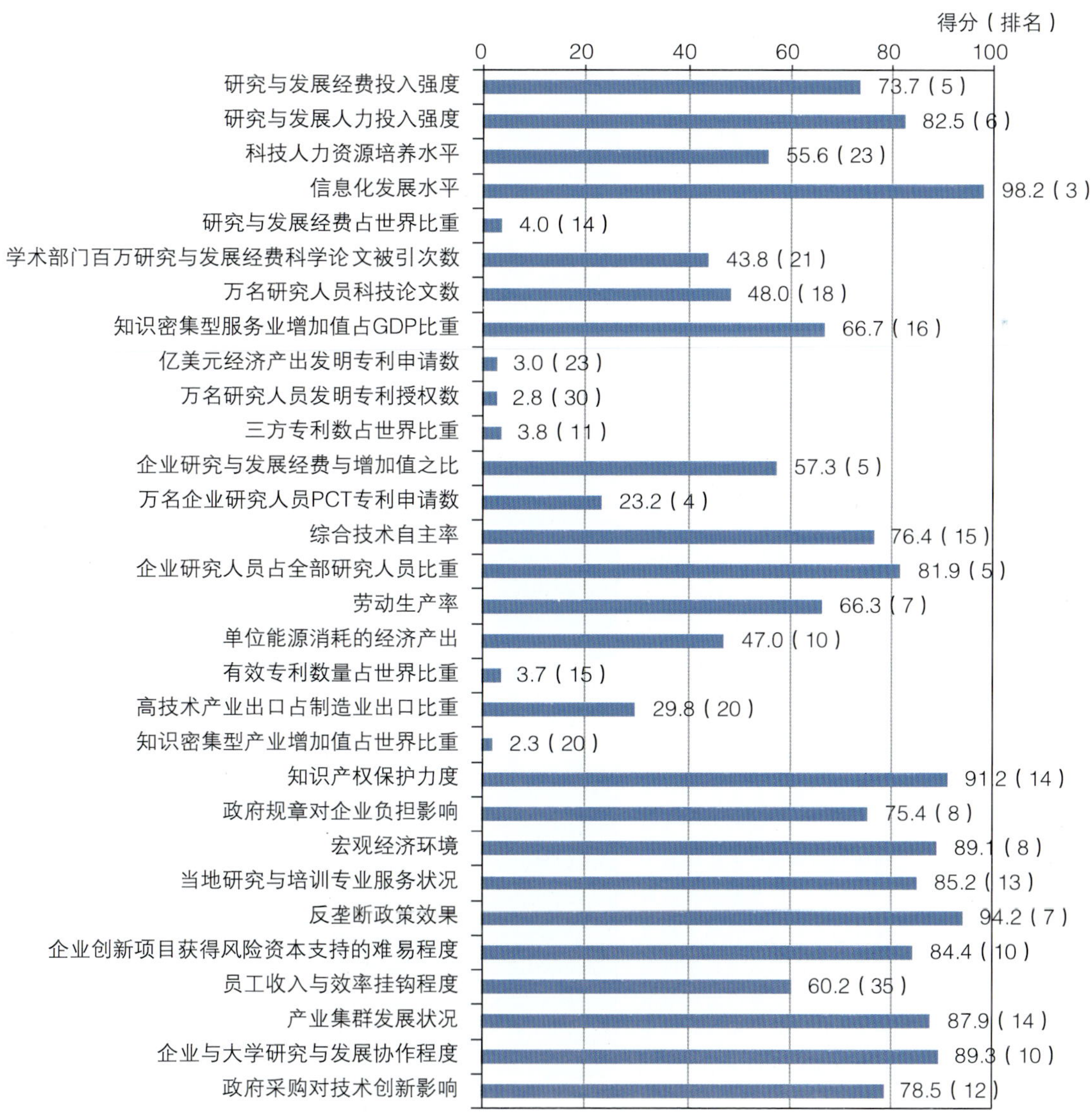

瑞士

欧洲国家。2014年人口约81.9万人，国土面积约4.1万平方公里，GDP总量7010.4亿美元，人均GDP 85594美元，为高收入国家。单位能耗产出25.64美元/千克标准油；R&D经费投入197.4亿美元；R&D经费投入强度为2.97%；SCI收录论文3.0万篇；PCT专利申请数4098件；高技术产业出口占制造业出口比重为26.5%。

瑞士国家创新指数综合排名第3位，与上年持平。5个一级指标中，创新资源排名第10位，与上年持平；知识创造排名第2位，与上年持平；企业创新排名第9位，与上年持平；创新绩效排名第2位，比上年上升1位；创新环境排名第2位，与上年持平。

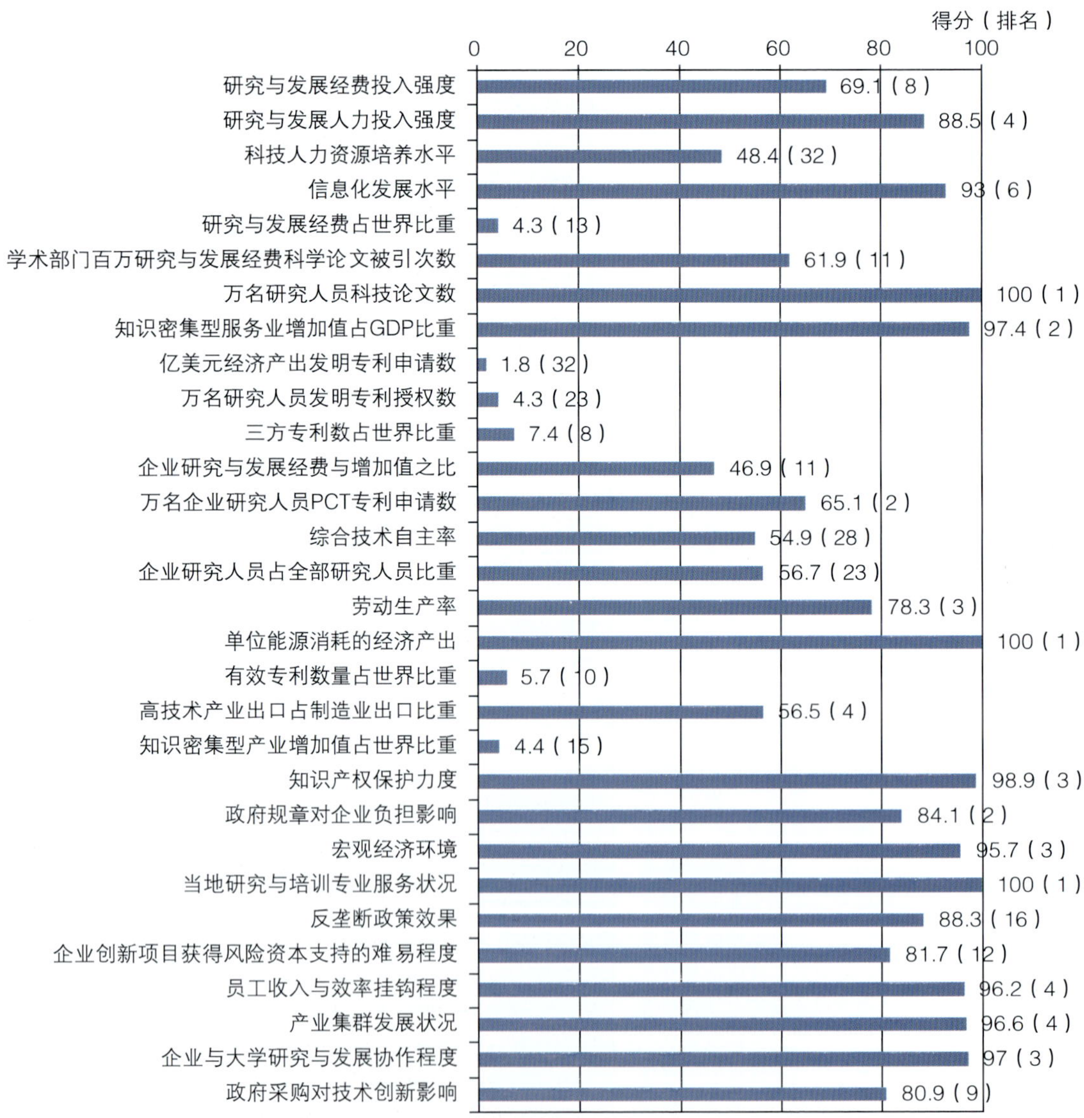

土耳其

亚洲国家。2014年人口约7661.9万人，国土面积约78.4万平方公里，GDP总量7984.3亿美元，人均GDP 10515美元，为中高收入国家。单位能耗产出7.10美元/千克标准油；R&D经费投入80.4亿美元；R&D经费投入强度为1.01%；SCI收录论文2.76万篇；PCT专利申请数853件；高技术产业出口占制造业出口比重为1.9%。

土耳其国家创新指数综合排名第30位，比上年上升1位。5个一级指标中，创新资源排名第32位，比上年上升1位；知识创造排名第28位，比上年上升4位；企业创新排名第17位，比上年上升1位；创新绩效排名第37位，与上年持平；创新环境排名第28位，比上年下降1位。

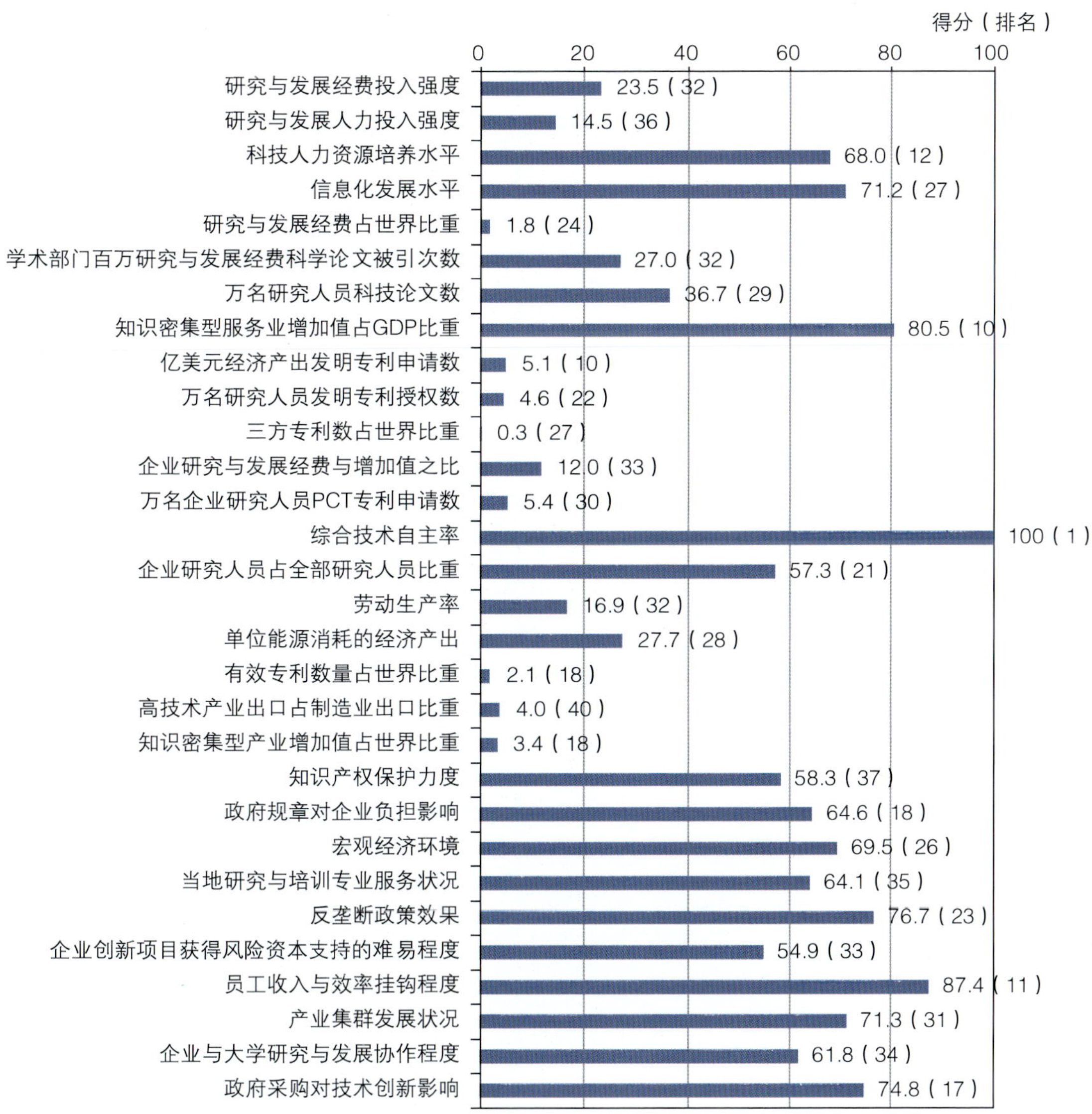

英国

欧洲国家。2014年人口约6459.7万人，国土面积约24.4万平方公里，GDP总量29888.9亿美元，人均GDP 46332美元，为高收入国家。单位能耗产出14.26美元/千克标准油；R&D经费投入508.3亿美元；R&D经费投入强度为1.70%；SCI收录论文约12万篇；PCT专利申请数5269件；高技术产业出口占制造业出口比重为21.7%。

英国国家创新指数综合排名第8位，比上年上升3位。5个一级指标中，创新资源排名第18位，比上年上升1位；知识创造排名第7位，比上年下降1位；企业创新排名第19位，与上年持平；创新绩效排名第7位，比上年上升3位；创新环境排名第6位，比上年上升2位。

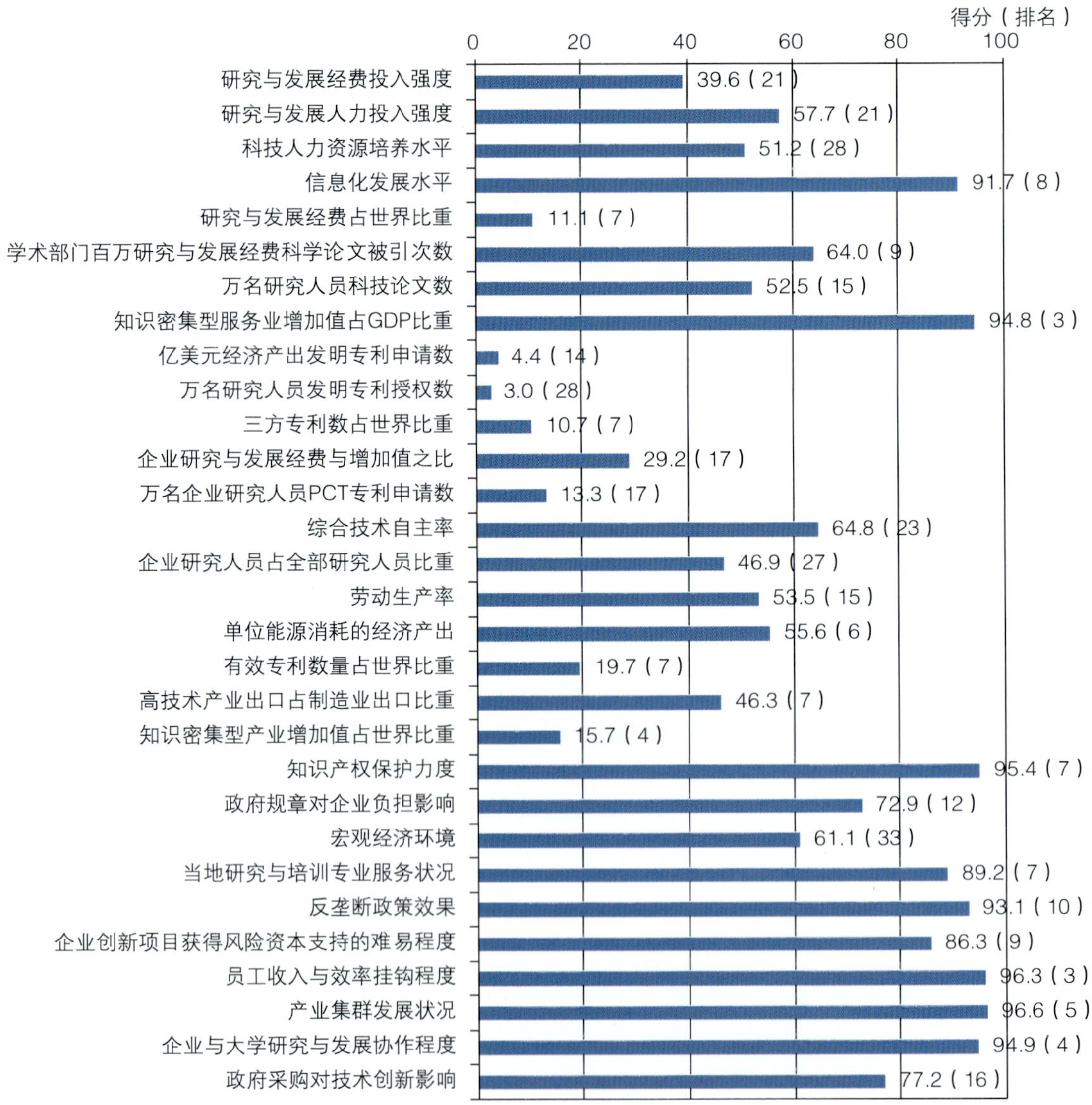

美国

北美洲国家。2014年人口约3.2亿人，国土面积约963.1万平方公里，GDP总量174190亿美元，人均GDP 54629美元，为高收入国家。单位能耗产出7.67美元/千克标准油；R&D经费投入4569.8亿美元；R&D经费投入强度为2.74%；SCI收录论文约42万篇；PCT专利申请数61477件；高技术产业出口占制造业出口比重为17.8%。

美国国家创新指数综合排名第1位，与上年持平。5个一级指标中，创新资源排名第1位，与上年持平；知识创造排名第6位，比上年上升3位；企业创新排名第2位，与上年持平；创新绩效排名第1位，与上年持平；创新环境排名第4位，比上年上升3位。

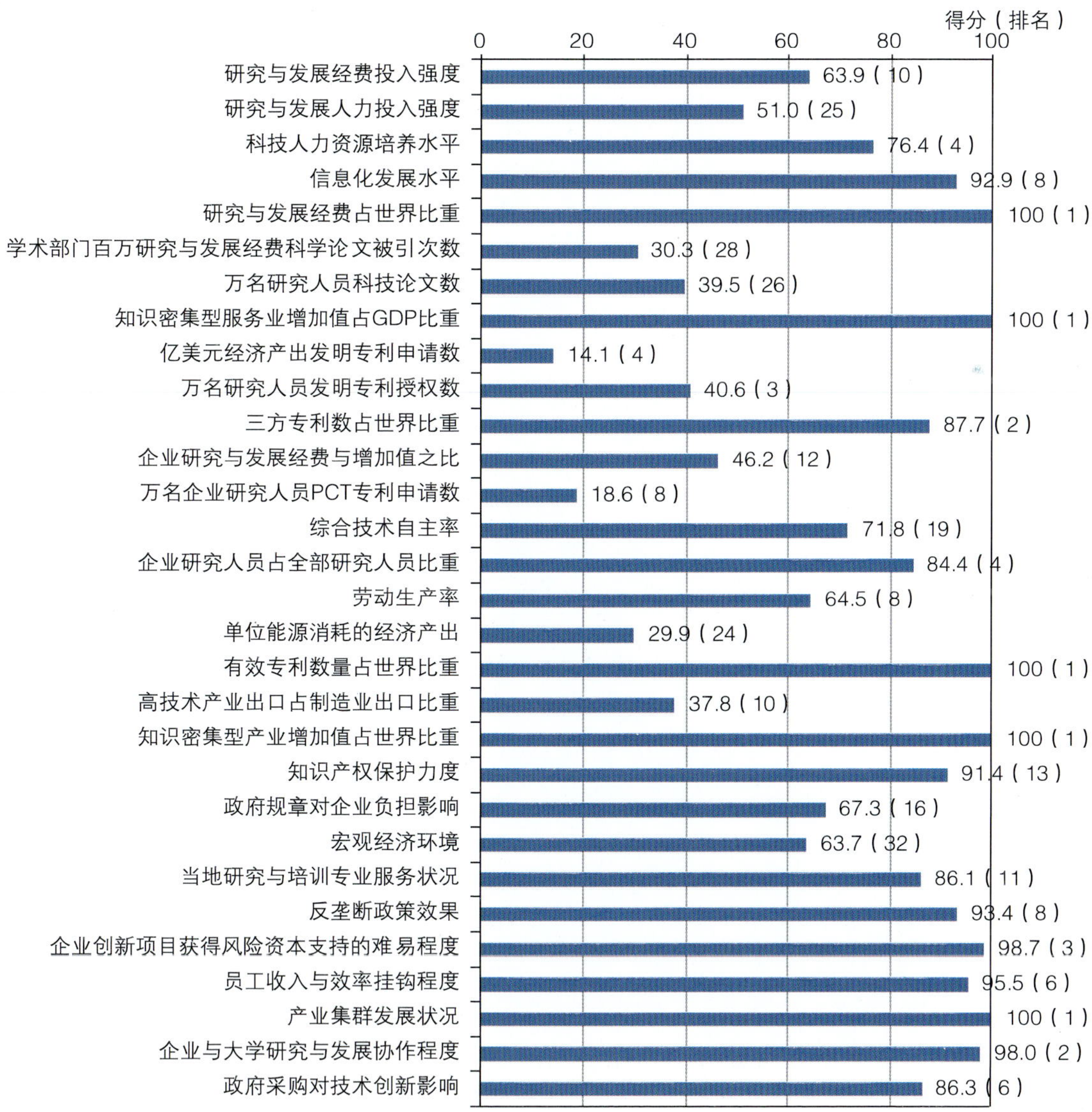

评价方法

第三部分

一、评价思路

1. 评价目的

通过构建评价指标体系和测算国家创新指数，力求全面、客观、准确地反映中国国家创新能力在创新链不同层面的特点以及中国创新在世界的位置；通过评价实践，形成规范的国家创新能力评价指标体系、指标解释、计算方法以及分析框架，为监测评价创新型国家建设进程，完善科技创新政策提供支撑和服务。

2. 创新型国家内涵

从发展方式看，世界各国可以大体分为三类：出口资源型、经济依附型和技术创新型，前两类国家具有较大的沦落为边缘化国家的风险，而以技术创新为主要特征的国家逐渐成为掌握国际话语权的核心国家。中国既没有过多的资源可以出口，也不可能走经济依附型的边缘化道路，只能走技术创新型发展的道路。为此，“进入创新型国家行列”成为国家中长期科技发展规划的战略目标。

世界各国的科技进步与经济发展往往并驾齐驱。从全世界209个国家和地区的统计数据看，有R&D活动的国家总计有97个，R&D经费占GDP的比重超过1%的国家只有31个，这31个国家的人口总数只占全球的38%，但R&D经费总量占全球的96%，GDP总量占全球的83%。这说明各国经济强弱主要取决于科技水平，而不是人口资源和自然资源要素。进一步的分析可以发现，虽然一些小国仍可以通过自然资源要素实现国家经济和国民财富的增长，但没有一个大国主要依赖自然资源要素而成为世界经济强国。

比较世界科技与经济排名前15名的国家与其他国家的区别，可以发现，创新型国家的最主要特征是国家的社会经济发展方式与传统的发展模式相比发生了根本的变化。创新型国家的判别依据是：社会经济和财富增长是主要依靠要素（传统的自然资源消耗和资本）投入来驱动，还是主要依靠以知识创造、传播和应用为标志的创新活动来驱动。

创新型国家应具备五个方面的能力：

（1）具有较高的创新资源综合投入能力；

（2）具有较高的知识创造与扩散应用能力；

（3）具有较高的企业创新能力；

（4）具有较高的创新产出影响能力；

（5）具有良好的创新环境。

3. 理论基础

考虑到创新是从创新概念提出到研发、知识产出再到商业化应用的完整过程，国家创新能力应体现在科技知识的产生、流动和商业化应用的整个过程中。应该从创新资源投入、知识创造与应用、企业创新到创新产出与绩效影响的整个创新链主要环节来构建指标，评价国家创新能力。本报告参考了欧盟国家创新绩效评价的方法，采用综合指数评价方法。从创新过程选择一级指标，最终选择了创新资源、知识创造、企业创新、创新绩效和创新环境五个一级指标；通过选择二级指标形成国家创新指数评价指标体系；再利用国家创新综合指数及其指标体系对国家创新能力进行综合分析、比较与判断。

4. 指标选择原则

数据来源具有权威性。基本数据必须来源于公认的国际组织机构和国家官方统计和调查。通过正规渠道定期搜集，确保基本数据的准确性、权威性、持续性和及时性。

评价对象具有代表性。所选取的评价对象必须是科技资源投入与创新产出较大的国家，最终选取了世界上40个主要国家，其研发投入总量之和占全球的97%以上，GDP产出占全球的88%以上。

指标具有国际可比性。选取国际通用指标构建评价指标体系，指标内涵定义和数据统计口径与国际规范一致。

指标具有可扩展性。每一指标都有独特的宏观表征意义，定义相对宽泛，非对应唯一狭义数据，便于指标体系的扩展和调整。

评价体系对于国家规模不敏感。选取指标以相对指标为主，兼顾不同规模国家在创新投入产出效率、创新活动规模和创新领域广度上的不同特点。

定量测评与定性分析相结合。既采用定量统计指标，也采用权威的、来源可靠的定性调查指标。

纵向分析与横向比较相结合。既有横向的国际比较，也有纵向的历史发展轨迹分析。

二、指标体系

国家创新指数指标体系由创新资源、知识创造、企业创新、创新绩效和创新环境5个一级指标和30个二级指标组成。

创新资源：反映一个国家对创新活动的资源投入力度、创新人才资源供给能力以及创新所依赖的基础设施投入水平。

知识创造：反映一个国家的科研产出能力和知识传播能力。

企业创新:主要用来反映企业创新活动的强度、效率和产业技术水平。

创新绩效:反映一个国家开展创新活动所产生的效果和影响。

创新环境:主要用来反映一国创新活动所依赖的外部软硬件环境，包括10个二级指标（选自世界经济论坛《全球竞争报告》中的调查指标）。

- 国家创新指数
  - 一、创新资源
    - 1. 研究与发展经费投入强度
    - 2. 研究与发展人力投入强度
    - 3. 科技人力资源培养水平
    - 4. 信息化发展水平
    - 5. 研究与发展经费占世界比重
  - 二、知识创造
    - 6. 学术部门百万研究与发展经费科学论文被引次数
    - 7. 万名研究人员科技论文数
    - 8. 知识密集型服务业增加值占GDP比重
    - 9. 亿美元经济产出发明专利申请数
    - 10. 万名研究人员发明专利授权数
  - 三、企业创新
    - 11. 三方专利数占世界比重
    - 12. 企业研究与发展经费与增加值之比
    - 13. 万名企业研究人员PCT专利申请数
    - 14. 综合技术自主率
    - 15. 企业研究人员占全部研究人员比重
  - 四、创新绩效
    - 16. 劳动生产率
    - 17. 单位能源消耗的经济产出
    - 18. 有效专利数量占世界比重
    - 19. 高技术产业出口占制造业出口比重
    - 20. 知识密集型产业增加值占世界比重
  - 五、创新环境
    - 21. 知识产权保护力度
    - 22. 政府规章对企业负担影响
    - 23. 宏观经济环境
    - 24. 当地研究与培训专业服务状况
    - 25. 反垄断政策效果
    - 26. 企业创新项目获得风险资本支持的难易程度
    - 27. 员工收入与效率挂钩程度
    - 28. 产业集群发展状况
    - 29. 企业与大学研究与发展协作程度
    - 30. 政府采购对技术创新影响

三、计算方法

国家创新指数的计算采用国际上流行的标杆分析法（Benchmarking）。标杆分析法是目前国际上广泛应用的一种评价方法，其原理是：对被评价的对象给出一个基准值，并以此标准去衡量所有被评价的对象，从而发现彼此之间的差距，给出排序结果。

1. 二级指标数据处理

对40个国家的30个二级指标原始值分别进行指标的无量纲归一化处理。

无量纲化是为了消除多指标综合评价中，计量单位上的差异和指标数值的数量级、相对数形式的差别，解决指标的可综合性问题。

二级指标采用直线型无量纲化方法，即

$$y_{ij}=\frac{x_{ij}-\min x_{ij}}{\max x_{ij}-\min x_{ij}}$$

式中 $i=1\sim40$；$j=1\sim30$。

2. 一级指标计算

采用等权重计算出一级指标得分 $\overline{Y}_{ik}$

$$Y_{ik}=\sum_{j=1}^{5}\beta_i \mathrm{y}_{i\,(j+5k-5)} \qquad Y_{i5}=\sum_{\theta=1}^{10}\beta_i \mathrm{y}_{i\theta}$$

$$\overline{Y}_{ik}=100\times Y_{ik}/\max(\overline{Y}_{ik,\,i=1\sim40})$$

式中β_i为权重，i=1～40；k=1～5；θ=1～10。

3. 国家创新指数计算

采用等权重计算出国家创新指数 $\overline{Y}_i$ ，并据此给出40个国家的排序。

$$Y_i = \sum_{k=1}^{5} \omega_k \overline{Y}_{ik}$$

$$\overline{Y}_i = Y_i / \max(Y_{i\ ,\ i=1\sim40})$$

式中ω_k为权重，i=1～40；k=1～5。

4. 中国创新指数的增长计算方法

以2005年为基年，测算指数增速的方法为：以2005年指标得分为100，分别计算以后各年的创新指数与一级指标得分，与基年比较即可看出创新指数增长情况。

（1）一级指标计算

采用等权重计算出一级指标得分 $\overline{Y}_{ik}$

$$y_{ij} = 100 X_{ij} / X_{1j}$$

式中j=1～30为指标序号，i=1～10为2005—2014年编号。

$$\overline{Y}_{ik} = \sum_{j=1}^{5} \beta_i y_{i(j+5k-5)}$$

$$\overline{Y}_{i5} = \sum_{\theta=1}^{10} \beta_i y_{i\theta}$$

式中β_i为权重（定量指标等权重为0.2，定性指标等权重为1/10），i=1～10；k=1～4；θ=1～10；j=1～5。

（2）国家创新能力增长指数计算

采用等权重计算出国家创新指数 $\overline{Y}_i$，并据此得出历年指数值。

$$\overline{Y}_i = \sum_{k=1}^{5} \omega_k \overline{Y}_{ik}$$

式中ω_k为权重（等权重为0.2），$i=1\sim10$；$k=1\sim5$。

国家创新指数报告2015

附录

附录一　指数测度值与排序图

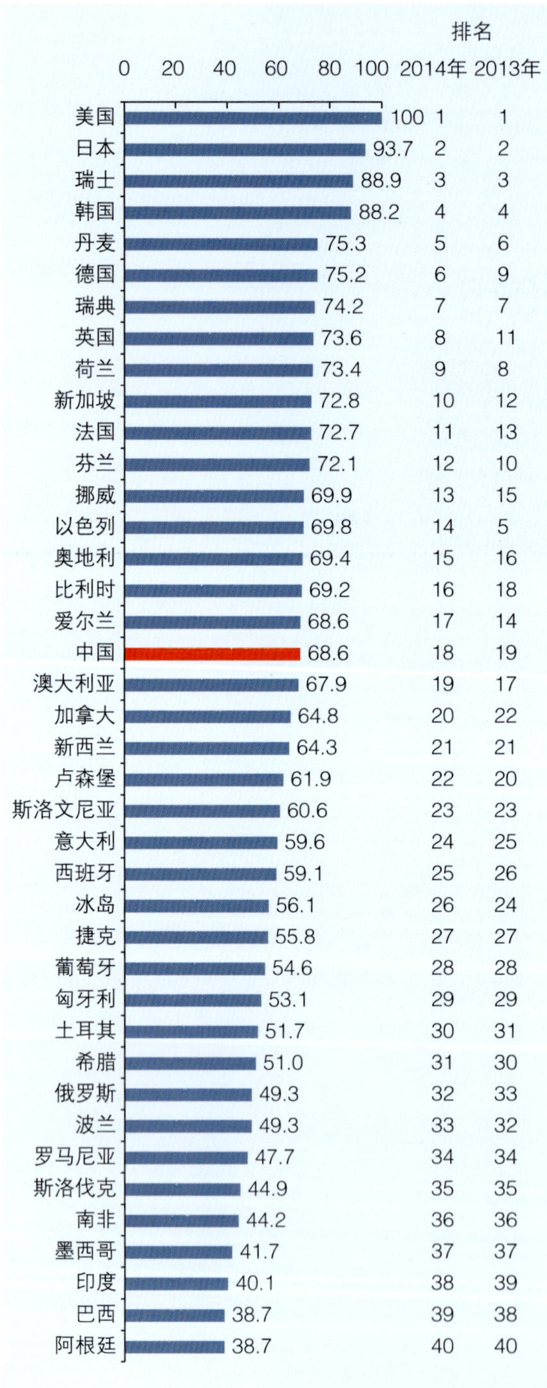

附图1　国家创新指数

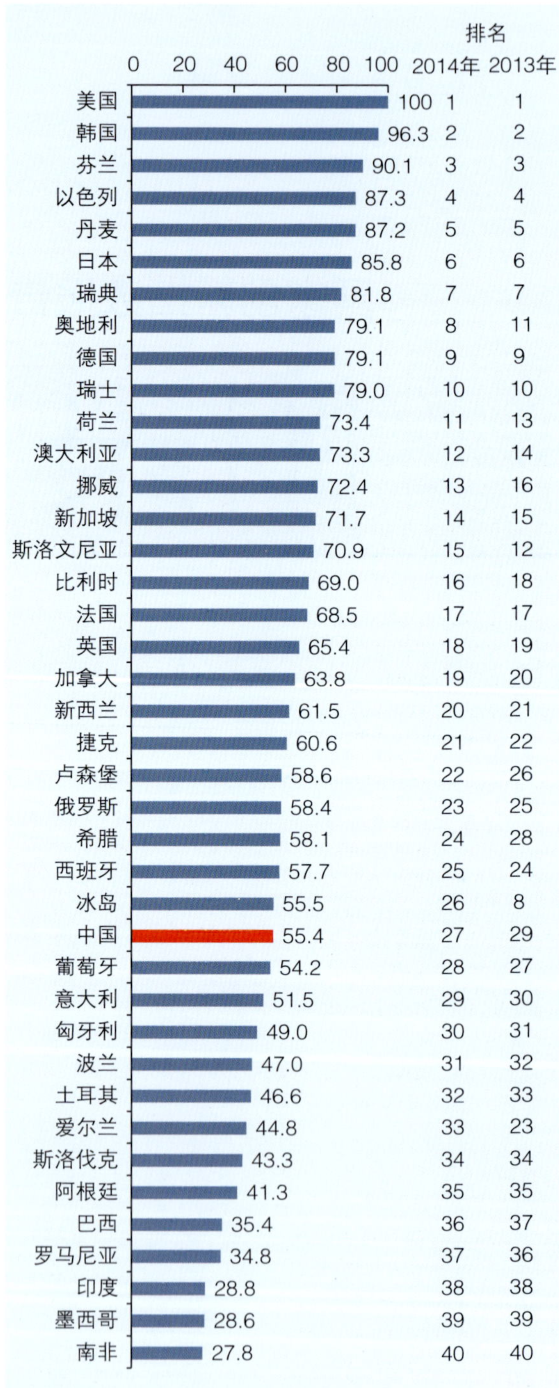

附图2　创新资源

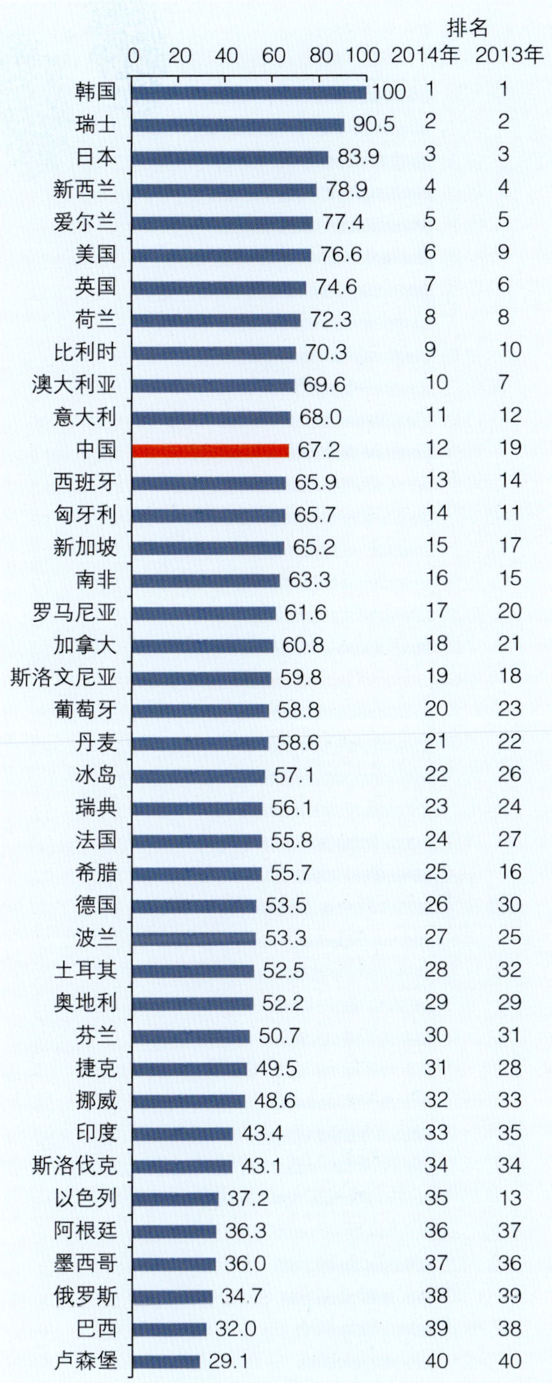

附图3　知识创造

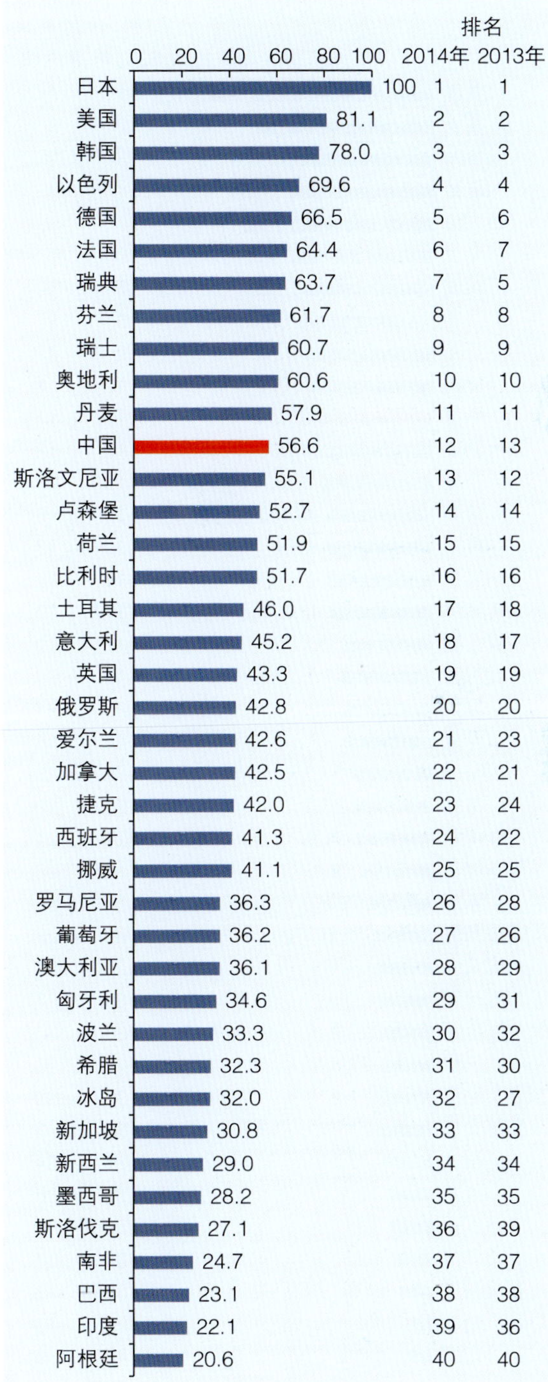

附图4　企业创新

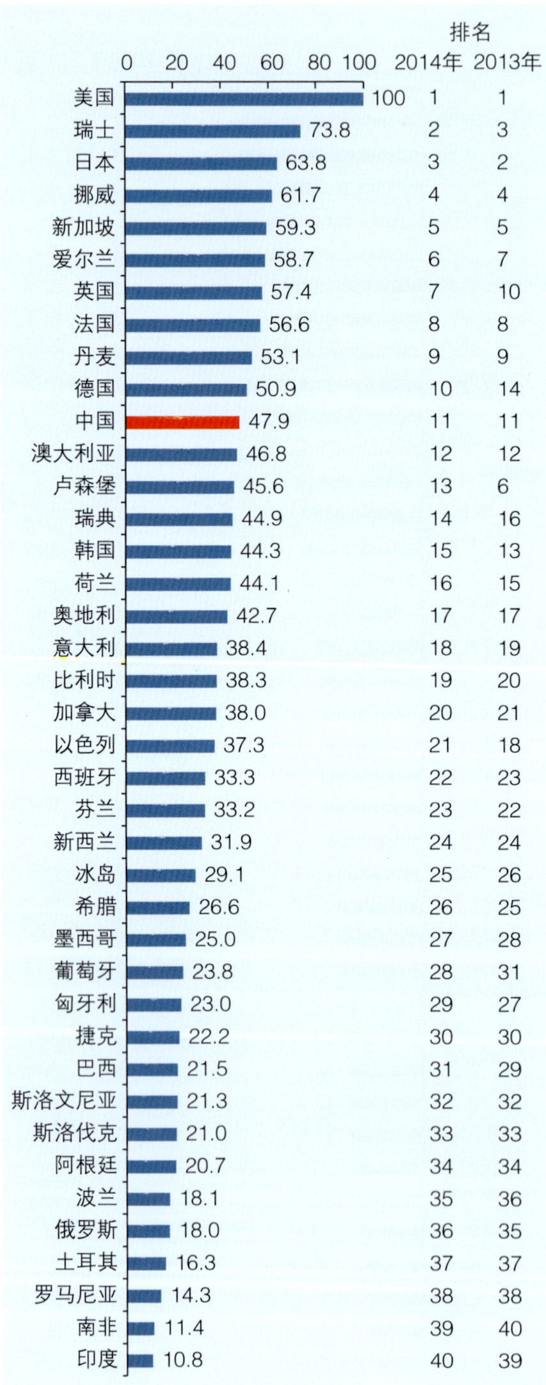

附图5 创新绩效

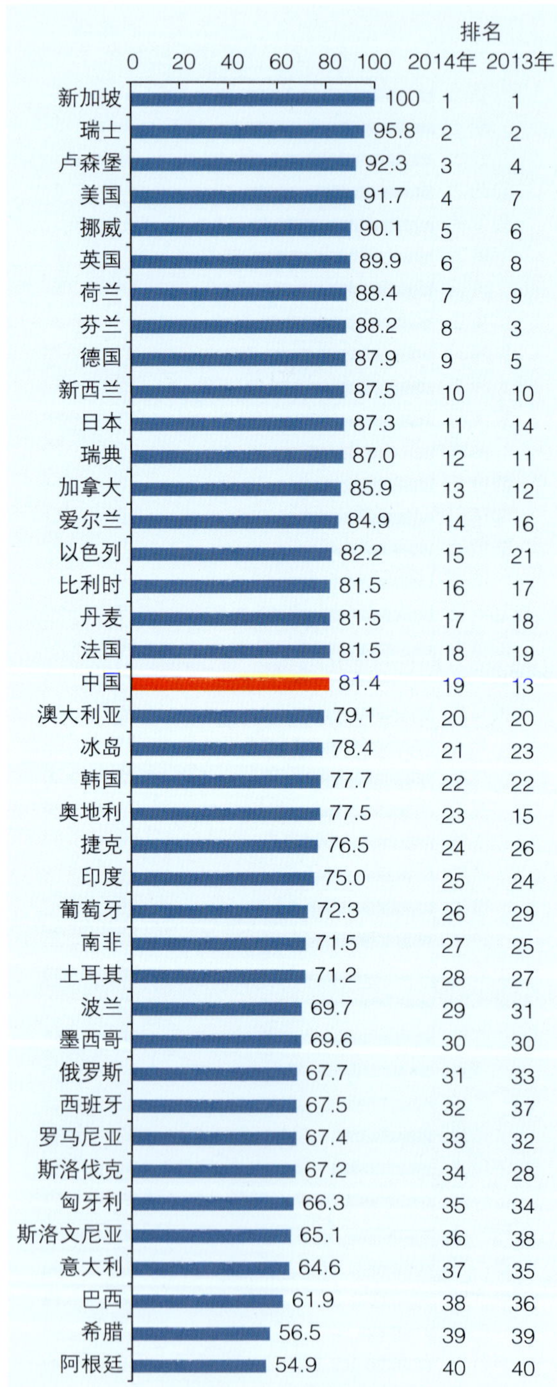

附图6 创新环境

附录二　指标解释

1. 研究与发展经费投入强度

研究与发展（R&D）经费总额与国内生产总值（GDP）的比值，反映一国创新资金投入强度。

2. 研究与发展人力投入强度

每万人口中R&D人员数，反映一国创新人力资源投入强度。

3. 科技人力资源培养水平

采用高等教育毛入学率，即18～22岁学龄人口中接受高等教育的比重，反映一个国家科技人力资源的培养与供给能力。

4. 信息化发展水平

采用世界经济论坛发布的网络就绪指数（NRI），反映一个国家在知识创造与传播扩散方面的基础设施投入能力。

5. 研究与发展经费占世界比重

一国R&D经费总额（GERD）占全世界总量的比重，反映一个国家R&D活动的规模大小和创新资源投入能力。

6. 学术部门百万研究与发展经费科学论文被引次数

SCI收录的一国高校和研究机构科学论文的引证数除以其R&D总经费得到的比率，反映一国科技投入产出效率和知识产出质量。

7. 万名研究人员科技论文数

一国被SCI收录的科技论文总数（5年平均值）除以其研究人员总量（5年平均值）得到的比率，反映科学研究的产出效率。

8. 知识密集型服务业增加值占GDP的比重

服务业中金融保险、信息通讯、商务服务、研发服务等行业的增加值占GDP的比重，反映一国的知识密集型服务业发展水平，用来测度一国的经济产出中的知识含量大小和产业结构升级水平。

9. 亿美元经济产出发明专利申请数

一国发明专利申请数量除以GDP（以汇率折算的亿美元为单位），反映一国的技术创造活力。

10. 万名研究人员的发明专利授权数

按万名R&D研究人员平均的国内发明专利授权量，反映一个国家自主创新能力和技术产出效率。

11. 三方专利总量占世界比重

一国在全球三方专利总量中所占比重。三方专利指在欧洲专利局（EPO）、日本特许厅（JPO）和美国专利商标局（USPTO）都提出了申请的同一项发明专利。该指标用来衡量国家技术创新能力和国际竞争力。

12. 企业研究与发展经费与增加值之比

一国企业部门研究与发展经费与增加值的比值，用来测度企业创新投入强度。

13. 万名企业研究人员PCT专利申请数

一年内PCT专利申请总量与企业研发人员中研究人员之比，主要反映一国企业创新投入的效率和创新产出的质量及其技术国际竞争力。

14. 综合技术自主率

100*R&D经费／（R&D经费＋技术引进费用）与100*国内发明专利授权数／（国内发明专利授权数＋国外发明专利授权数）的平均值，反映了国家产业技术自给能力。

15. 企业研究人员占全部研究人员比重

一国全部R&D研究人员中企业研究人员所占的比例，反映一国企业研发人力投入的能力和水平。

16. 劳动生产率

国内生产总值与全部就业人员之比，反映创新活动对经济产出的作用。

17. 单位能源消耗的经济产出

每千克标准油能源消耗的GDP产出，用来测度技术创新带来的能源消耗减少的效果，也反映一国经济增长的集约化水平。

18. 有效专利数量占世界比重

一国有效专利数量占世界总量的比例。有效专利是指本国人所拥有的仍处于有效状态的发明专利数量。反映一个地区的企业自主创新能力和市场竞争力。

19. 高技术产业出口占制造业出口比重

全部制造业出口中高技术产业出口所占比例，反映一国高技术产品国际竞争力和技术创新活动对改善经济结构的作用。

20. 知识密集型产业增加值占世界比重

高技术产业（制造业）与知识密集型服务业的增加值之和占全世界总量的比重，反映一国企业应用创新成果所形成的产业规模大小与技术水平。

21. 知识产权保护力度

知识产权保护（1=弱和不受法律保护，7=强或得到法律保护）。

22. 政府规章对企业负担影响

政府发布的行政要求（准许、规定、报告）等给企业带来的负担（1=负担很重，7=没有负担）。

23. 宏观经济环境

由中央财政收支、储蓄率、通胀水平、存贷率差、政府债务状况和主权债务评级等指标构成的综合反映宏观经济环境稳定性的指数（1=宏观经济环境动荡，7=宏观经济环境稳定）。

24. 当地研究与培训专业服务状况

专业研究和培训服务（1=不可获得，7=可以从本地的世界级机构中获得）。

25. 反垄断政策效果

反垄断政策（1=不能有效促进竞争，7=能够有效促进竞争）。

26. 企业创新项目获得风险资本支持的难易程度

企业有风险的创新项目一般可以得到风险投资（1=错，7=对）。

27. 员工收入与效率挂钩程度

员工收入（1=与员工生产率无关，7=与员工生产率强烈相关）。

28. 产业集群发展状况

国内各地都有发展良好的产业集群（1=强烈反对，7=强烈赞成）。

29. 企业与大学研究与发展协作程度

企业与本地大学的研究与发展合作（1=很少或没有，7=广泛）。

30. 政府采购对技术创新影响

政府采购高技术产品的决定（1=仅仅依赖价格，7=依据技术性能和创新性）。

附录三　数据来源

[1] 世界银行，《世界发展指标2015》。

[2] 经济合作与发展组织，《主要科技指标2015-2》。

[3] 世界知识产权组织，《专利统计数据库》。

[4] 世界经济论坛，《全球竞争力报告2015-2016》。

[5] 美国国家科学基金会，《科学与工程指标2016》。

[6] 汤森路透，《SCI期刊文献检索数据库》。

[7] 中国科学技术信息研究所，《中国科技论文统计与分析》。

[8] 中国科学院文献情报中心。

[9] 国家统计局，《中国统计年鉴2015》。

[10] 国家统计局、科学技术部，《中国科技统计年鉴2015》。

[11] 国家统计局，《国民经济和社会发展统计公报》。

[12] 国家知识产权局，《专利统计年报》。

[13] 中国科学技术协会中国科普研究所。

[14] 科学技术部火炬高技术产业开发中心。

[15] 科学技术部相关驻外机构。